赶鬼与释放

赶鬼与释放
They Shall Expel Demons

叶光明国际事工版权 © 2016
叶光明事工亚太地区出版
PO Box 2029, Christchurch, New Zealand 8140
admin@dpm.co.nz
叶光明事工出版
版权所有

DPM46

ISBN: 978-1-78263-648-9

目 录

第一部分
赶鬼释放的圣经根据

大约两千多年以前，耶稣来到世上。在他公开事奉的三年半，他帮助苦难深重的人类，在他们当中行奇迹异能，医病赶鬼，始终如一，从未改变过。随后的数世纪以来，时有神的仆人受呼召行奇事，帮助受病，受灾的人们，但是却鲜见像耶稣当年那样赶鬼事奉的记载。其导致的结果是：许多受恶魔压制的人得不到教会的实际帮助，只能默默地受苦。历代以来，种种宗教传统包袱遮盖了新约圣经清晰的启示。现在该是抛开包袱的时候了。我们要在耶稣及其福音的基石上，给教会带来建造。

第 1 章
耶稣的典范

1963 年的某一天，我的教会会众中突然有人发出一声骇人听闻的尖叫声，那个人随后瘫倒在讲坛前。这突如其来的事使我必须立即做决定。于是，我立刻找了其他几个人帮我，我们一起奉主耶稣的名，把邪灵从那妇人身上赶出去。那次的经历促使我仔细研究耶稣的事奉，因为我想确信自己的行为与主的一致。

我发现马可对主耶稣公开事奉的记载，开始于一个赶鬼的事件。当时，耶稣在加利利的会堂教训人，忽然有一个污鬼向祂提出异议。这次交战立刻使祂扬名整个加利利 (参可 1：21-28)

从那时起，我们发现耶稣在祂三年半的公开事奉中，每遇到污鬼，祂都是直接对抗。在祂事奉的尾声，祂叫人传话给希律说，在地上的事奉成就以前，祂会继续不断地赶鬼治病 (参路 13：32)

但是，这个事奉并没有到此为止！耶稣在将要离开世上之前，又给门徒使命，并赐予他们权柄。事实证明，主耶稣从来差派门徒出去传福音，都特别教导装备他们如何像祂那样对付污鬼。新约圣经没有任何例子，说明传福音的事奉可以不包括赶鬼。关于这一点，今天的情况跟耶稣时代仍是一样的。

我很快意识到，撒旦定下了特别的计谋，来敌对这个事奉。撒旦自愿做黑暗之子，但却总是设法把牠活动的真相隐藏起来。如果牠能让全人类不明了他的诡计，或者根本就不知道牠们存在，牠就可以使用无知和惧怕这两种工具，来为牠毁灭性的企图开路。可惜，无知和惧怕并不仅临到非基督徒身上，也常常在教会中运行。太多时候，基督徒以一种过度迷信的恐惧来对付污鬼，把污鬼，幽灵或龙列为一类。所以有人评论说："惧怕污鬼的想法就是从污鬼而来的。"

　　主耶稣本人在对付污鬼时就非常实际。他也同时强调赶鬼这个事奉的独特意义。马太 12∶28 记载了耶稣亲口说的话，说∶"**我若靠着神的灵赶鬼，这就是神的国临到你们了。**"

　　赶鬼彰显了两个重要的属灵真理∶第一，他启示了两个敌对的属灵国度。第二，神的国度已战胜了撒旦的国度。但显然，撒旦千方百计想掩盖这两个真理！

　　当耶稣赶鬼时，他的行为超出了旧约的先例。从摩西时代起，神的先知就行了诸多神迹奇事，作为耶稣事奉的预兆；他医病，叫死人复活，为众人奇迹般供应饮食，靠神的大能控制自然。但是，旧约从来没有先知赶鬼的记载，这是耶稣独特的事奉，直到祂来到世上才兴起，是神的国从此来到人间的独特彰显。

　　这就更值得我们注意，为什么这个事奉被世界上许多地方的当代教会忽略了？传道活动表现得好像污鬼根本不存在一样。但是，传道不包括赶鬼根本就不是新约的传道方式。若要更进一步把这一点应用在医病的事奉上，光医病而不预备随时赶鬼是不符合圣经教导的。耶稣没有把医病和赶鬼这两者一分为二。

　　从另一个方面来说，今天也有人过度夸大赶鬼的事奉，这也不符合圣经。这些人给人的印象是，无论什么样的问题都要当作是污鬼的作为。他们无论是肉体上，情感上，或者是属灵上的问题，统统一律对待。有时整个释放过程反而突显牧师或接受释放的人，而不是突显主耶稣。这也是另一个证据，说明撒旦对释放事工会特别加以攻击。只要可能，撒旦会尽可能地把这个事奉从教会的日常事务中除去。即使做不到这一点，他的目标仍然是使人半信半疑。

　　对我个人而言，当初我自然没有主动去担当这个事奉！正如我在一开始说的，我被逼到一个地步，不得不作一个选择∶或是采取行动对付邪灵，或是退后，让他们姿态妄为。回过头来看，我庆幸没有选择后退。

我写这本书最主要的动机是：以自己得帮助的方式去帮助别人。这一点特别针对两类人。第一类是受害者：有些人受邪灵压制却不知道怎样得释放。他们忍受着邪灵不同程度的折磨。有些人因此所受的精神，情绪，肉体上的折磨，相当于劳改中受禁，被折磨的人。我坚信，借由福音，为这样的人带来希望和释放，是完全符合主耶稣的旨意的。

第二类是福音工作者：有些人被呼召传福音，在事奉中他们有时候会遇到一些被鬼附的人，他们迫切需要得释放，但是，因为自己没有这方面的经验或训练，也就无法给他们提供帮助。

我可以认同这两类人。当我刚走上事奉的道路时，身为一个年轻的传道人，我的情绪常常会莫名地消沉，这使我甚至想要完全放弃事奉。后来，在面对有需要帮助的人时，我常常心有余而力不足，因为自己本身在教义上有偏见，我总是这样问自己：怎么可能有这么多基督徒受邪灵压制呢？

现在回想起来，在那三十多年的岁月里，几乎每一个月我都会遇到有人需要从邪灵的压制下得到释放。这也意味着：我在这本书中分享的功课有一个坚实的基础，首先是基于圣经，其次是基于我个人的观察和经历。

有时候，释放的事工会引起其他基督徒的误解和批评。但是，释放受捆绑的人所带来的安慰，远远超过那消极的一面。最近，我和妻子路得在耶路撒冷街上漫步时，有个五十多岁左右的犹太妇人走近来向我说："你是叶光明吗？"我默认之后，她说："你救了我一命啊！"泪水开始充盈她的眼睛，她接着说："二十年前我被邪灵附身，令我感到完全绝望。之后我遇见耶稣，有人给我一盒录音带，是你主讲关于如何得释放的录音带。你看，现在我自由了！认识我的人说我就像是一个从轮椅上重新站起来的人一样。"

类似这样的见证令我庆幸自己没有因批评，反对而退后。过去几十年的经验，也让我更加相信圣经的准确性。自由派神学家总是说我们不应当从字面上去理解关于新约中描写污鬼的事，而只能把它们当作一种特定情况，因为耶稣时代的人们迷信无知。对此，我们必须说，事实正好完全相反。我已好几次亲眼见到邪灵的彰显，与新约的描述一致。在这方面，以及其他各方面，新约的记载是完全准确的。事实证明，新约是我们今日事奉唯一充足的基础。

在这本书中，我首先要立下一个坚实的圣经根基，然后在这根基上进一步解释对付邪灵的实用步骤。我所讲的根基正是主耶稣自己的事奉经历。但是建造这根基之前，我们还要解释一些新约翻译本中某些词汇可能导致的误解，这也是下一章的主题。既然是我的个人经历使我开始从事这方面的事奉，那么我将在本书的第二部分详细描述我个人的经历。在第三部分，我会针对这事奉中最常遇到的七个问题，做出具体的解答。最后，在第四部分，我将有系统地教导怎么样辨别邪灵，赶逐邪灵，过完全得胜的生活。

第2章
相关的术语

新约圣经各卷书的作者，对污鬼的本质和活动都有很清楚的描述。但是，要对这两方面有完整的认识，关键在于正确地解释这些作者所用的术语。因为我们使用的圣经是翻译本，但新约的原文是希腊文，所以我们不妨从希腊原文的字义着手，去了解有关的术语。

中文圣经用**"污鬼"**来形容撒旦用来攻击人类的差役，这个词来自希腊文的"daimonion"，而这个希腊字来自"daimon"。中文翻译对这两个希腊字的区分，在于前一个译作"污鬼"，后一个译作"恶魔"。从原文来看，这两个词代表两个不同的实体，其中"恶魔"是主要的，"污鬼"是衍生出来的。（这一点对认识污鬼的本质很重要，我们会在第十一章"什么是邪灵"加以详述。）

中文圣经也用"鬼"来指"污鬼"，此外，人们也常用"不洁的灵"，"邪灵"来形容污鬼这个概念。路4：33另外用一个词来形容"污鬼"，这里作者用**"污鬼的精气"**来表达同一个含义。

总之，这些用法都是表达同一个意思，说明污鬼的活动是一种邪灵的活动。但是有一点要强调的就是：这里的污鬼并不是魔鬼撒旦。污鬼有很多，但魔鬼只有一个。魔鬼撒旦得这个名称的原由在于牠的一项主要活动是造谣中伤，目的是诽谤。首先，撒旦诽谤神。在伊甸园中，牠挑唆亚当，夏娃，说神对他们不公平，不让他们知道善恶。其次，撒旦诋毁所有以不同形式代表神的人，这是牠攻击神仆的主要工具。

另外一个误会在"被鬼附身"这个词上。在理解这个词时需要注意，"被鬼附"意味着受邪灵的侵入，原文没有被污鬼或魔鬼占有的意思，因为"占有"意味着所有权，这不对，因为每一个重生的基督徒都是归属于基督的。因此认为这样的人属于魔鬼或被魔鬼占有是很荒谬的。但反过来说，我个人辅导过千千万万个基督徒，从我个人的经历中，我可以说，一个重生的基督徒是可能受邪灵影响的。这样的基督徒当然是属于基督，但是，他（或她）的个性中有些部分还没有完全交给圣灵掌管，这些部分因此就很容易受邪灵影响。所以，在这本书中凡用"被鬼附"来形容这样的基督徒时，我是指他们个性的某些方面受到邪灵的控制和影响。

　　这本书中"赶鬼"这个词，意思是指把邪灵从人身上驱逐出去。

第3章
耶稣的模式和使命

第一章一开始，我讲到我在 1963 年的一次主日崇拜中遭遇到邪灵的公开对抗。这事促使我去研读新约，看有关耶稣对待此类事件的记载。主耶稣是所有基督徒事奉的唯一根基和效法的模式。所以，在这一章里，我要仔细从经文中观察耶稣本人是怎样对付污鬼的。

可 1：21－26 生动地描写了主耶稣早期在迦百农会堂里公开事奉的情景：

> "到了迦百农，耶稣就在安息日进了会堂教训人。众人很希奇他的教训。因为他教训他们，正像有权柄的人，不像文士。在会堂里有一个人，被污鬼附着。他喊叫说，拿撒勒人耶稣，我们与你有什么相干，你来灭我们吗？我知道你是谁，乃是神的圣者。耶稣责备他说，不要作声，从这人身上出来吧。污鬼叫那人抽了一阵疯，大声喊叫，就出来了。"

第 27-28 节描写了在座之人的反应："众人都惊讶，以致彼此对问说，这是什么事，是个新道理阿。他用权柄吩咐污鬼，连污鬼也听从了他。耶稣的名声，就传遍了加利利的四方。"

在第 23 节这里说到一个人被鬼附着，更准确的意思是受污鬼权势的影响。当时耶稣在加利利一带传讲神的福音，可 1：15 记载了耶稣边走边传："日期满了，神的国近了！"当然，他必须彰显神的国比撒旦的国的绝对超越性。这里有六大要点值得注意：

首先，耶稣对付的是污鬼，而不是那人。污鬼借着人口说话，耶稣讲话的对象是污鬼。耶稣对污鬼说"不要做声！"

第二，耶稣把污鬼从那人身上赶出去，不是把那人从会堂赶了出去。

第三，耶稣没有因被污鬼打断，受打扰而为难。对付污鬼是他事工的一部分。

第四，污鬼说话时既用单数形式，又用复数形式称呼自己：**"你来灭我们吗？我知道你是谁？"**可 1：24 这种回应是污鬼称呼自己，同时又代表其他污鬼的独特形式。可 5：9 说到的格拉森人身上的污鬼，也用同一种方式答复耶稣的问题。耶稣问牠说：**"你名叫什么？"**回答说：**"我名叫群，因为我们多的缘故。"**

第五，我们可以很合理地认定，这个人是经常出入这会堂的成员，但显然没有人知道他需要得释放。也许甚至连这个人自己也不知道。耶稣身上有圣灵的膏抹，迫使那个污鬼露出真相。

第六，这次在会堂上与污鬼公开的对峙，为耶稣正式进入公开的事奉拉开了序幕。从此，耶稣在牠的同胞犹太人中名声大震，因为牠用权柄吩咐污鬼，连污鬼也听从了牠。

耶稣对付污鬼的方式

同一天傍晚时分，安息日的禁戒已经开始解除，人们又自由走动起来。这时，我们可以说耶稣举办了牠的第一次医治大会，可 1：32 - 34 说：**"天晚日落的时候，有人带着一切害病的，和被鬼附的，来到耶稣跟前。合城的人都聚集在门前。耶稣治好了许多害各样病的人，又赶出许多鬼，不许鬼说话，因为鬼认识他。"**

同样的事件在路 4：40 - 41 也有记载：

> **"日落的时候，凡有病人的，不论害什么病，都带到耶稣那里。耶稣按手在他们各人身上，医好他们。又有鬼从好些人身上出来，喊着说，你是神的儿子。耶稣斥责他们，不许他们说话，因为他们知道他是基督。"**

为了清楚认识耶稣对付污鬼的方式，我们需要把马可和路加两人的记载放在一起看。马可说：**"不许鬼说话。"**但路加说：**"又有鬼从好些人身上出来，喊着说，你是神的儿子。耶稣斥责他们，**

不许他们说话，因为他们知道他是基督。" 正像在会堂里发生的事件一样，污鬼的喊叫，说明牠公开认识耶稣是神的儿子，但是耶稣没有再让牠们说下去。

值得注意的是，人们来到耶稣那里，是为了寻求病得医治，可是许多人的经历是：污鬼被从身上赶逐了出来。显然人们事先并没有意识到他们的疾病是由魔鬼造成的。耶稣事工的一个很显著的特点是，从一开始到结束，神从来没有把医病和赶鬼这两个事工严格地区分出来。

主耶稣在传道的事工上也是如此：**"于是在加利利全地，进了会堂，传道赶鬼。"**（可 1：39）赶鬼和传道一样，是耶稣在地上事工的正常组成部分。叫人脱离污鬼的捆绑，印证也并切实地应用了耶稣所传的好消息——**"神的国近了！"**（可 1：15）

耶稣服事的这些人是正统犹太人。他们安息日在会堂里聚会，平时总是看顾家人，照管田地，捕鱼的捕鱼，开店的开店。也就是说，这些得到耶稣帮助的人是一般人看来完全"正常"的人。他们受人尊敬，敬虔守规，但是却被污鬼附身了，在污鬼进到他们个性的某部分领域或多方面领域时，其结果就是他们不能完全自制。

另一方面，耶稣时代犹太人的道德，伦理规章是基于十诫和摩西的律法，这就意味：他们当中大部分人的生活道德水准可能比今日社会要好很多。

无疑，今天基督徒圈内也会有类似当时犹太人的人。他们是好人，受人尊重，信神，参加教会，使用正常的宗教语言。但是，他们个性中的某些部分却受到污鬼的侵害。结果是：他们不再能完全自制。当然，他们需要得释放，就像耶稣当初亲自服事的那些犹太人一样需要释放！

路 13：32 记载，耶稣清楚表明，他服事患病的和被鬼附的人的实际事工，这一点一直到末了都持续未变"今天明天我赶鬼治病，第三天我的事就成全了。"这里的"今天，明天，第三天"

是一种希伯来语的惯用语，意思就是从现在开始，直到事情成就。耶稣的事奉从开始到结束都围绕这两项行动：治病，赶鬼。从一开始就不偏离，也从来不需要改进更正。

此外，耶稣在差派门徒出去传道时，也教导他们要按他彰显的模式去做。他分赐给他首批的十二门徒两大权柄：第一是赶鬼，第二是医治各样的疾病。太 10：1 这样记载说：**"耶稣叫了十二个门徒来，给他们权柄，能赶逐污鬼，并医治各样的病症。"** 然后，他明确地指示他们怎样使用这个权柄：**"随走随传，说，天国近了。医治病人，叫死人复活，叫长大麻疯的洁净，把鬼赶出去 ......"**（太10：7 - 8）

马可在可 6：12 - 13 简略地描写门徒是怎样执行任务的：**"门徒就出去，传道叫人悔改。又赶出许多的鬼，用油抹了许多病人，治好他们。"** 赶鬼当时并不是可有可无的"额外"选择！

后来，耶稣又差派七十个门徒，两个两个地出去为祂要去的地方开路。经上没有记载他给他们的指示，但显然包括赶鬼，因为门徒回来时，满心欢喜地向主回报：**"主啊！因你的名也是鬼也服了我们。"**（路 10：17）

在耶稣受死，复活以后，又再一次差派他的门徒。但这一次他把事工扩展到面向整个世界。他向那些凭信心顺服，出去传讲天国福音的人应许，有五个超自然印记要跟随他们，头两个就是：**"奉我的名赶鬼。说新方言。"**（可 16：17）

自从二十世纪初，有许多书籍，教导，讲章谈到这里所说的第二个印证：说方言，但是耶稣放在第一位的印证——"赶鬼"，却依然没有得到积极的关注。当代教会这样不乐意认识污鬼，这种现象实在令人担忧。

太 28：19 - 20 也记载了耶稣给门徒的大使命：**"所以你们要去，使万民作我的门徒，奉父子圣灵的名，给他们施洗。（或作给他们施洗归于父子圣灵的名）凡我所吩咐你们的，都教训他们遵守，我就常与你们同在，直到世界的末了。"**

这个使命很简单，实际：你们要去，使万民作主的门徒，并教训他们所有耶稣教导第一批门徒的话，然后这些新的门徒，会使更多人成为主的门徒，并教导新门徒主的教训。如此代代相传，"直到世界的末了"。耶稣一开始就为门徒设定好"程序表"，并且从来就不需要更正。可惜，历代以来，教会擅自更动，却没有一个比原来的高明！

新约的传福音模式

新约提供了作主门徒的好榜样，这榜样就是腓利。新约圣经只有提他一人是专职**"传福音的"**（参徒 21：8）。他的服事记在徒 8：5‑13 及 26‑40，这就是新约传福音的模式。

腓利传讲的信息很简单。在撒玛利亚，这信息是"基督"；对埃提阿伯太监，这信息就是"耶稣"。腓利并不需要宣道筹备会，也不需要训练诗班，租借会堂，但却有很多人要听他的信息。原因只有一个，就是戏剧般地彰显神超自然的大能。

> **"众人听见了，又看见腓利所行的神迹，就同心合意地听从他的话。因为有许多人被污鬼附着，那些鬼大声呼叫，从他们身上出来。还有许多瘫痪的，瘸腿的，都得了医治。"**
>
> （徒 8：6‑7）

这就是新约的福音传讲法：福音一传出去，众人就来听；他们看到神迹奇事与见证，污鬼被赶出，他们就信了，然后就受洗，成立教会。其中的中心要素是赶鬼，并常有呼叫，杂乱的场面出现。其他方面的传道特色时有不同，但这一要素是新约时期传福音的中心。先是耶稣为范例，后来他的门徒也跟随祂的脚踪行。

这样的传福音模式并不局限于亲眼见过耶稣事奉的人。这一点也表现在使徒保罗的身上。其实，保罗在以弗所成功地对付污鬼以后，这事对全城的震动极大：

"神借保罗的手，行了些非常的奇事。甚至有人从保罗身上拿手巾，或围裙，放在病人身上，病就退了，恶鬼也出去了。那时，有几个游行各处，念咒赶鬼的犹太人，向那被恶鬼附的人擅自称主耶稣的名，说，我奉保罗所传的耶稣，敕令你们出来。

作这事的，有犹太祭司长士基瓦的七个儿子。恶鬼回答他们说，耶稣我认识，保罗我也知道。你们却是谁呢？恶鬼所附的人，就跳在他们身上，胜了其中二人，制伏他们，叫他们赤着身子受了伤，从那房子里逃出去了。凡住在以弗所的，无论是犹太人，是希利尼人，都知道这事，也都惧怕，主耶稣的名从此就尊大了。"（徒 19：11 - 17）

既然这七个士基瓦的儿子是蓄意模仿保罗，从他们的影子上，我们就可以设想保罗对付污鬼的真相来。显然，他是直接对牠们说话，奉耶稣的名命令牠们从受害者身上出来。也就是说，保罗跟随了耶稣本人的榜样。

士基瓦的七个儿子不光彩地失败，也有效地证明了赶鬼不是取决于使用正确的"方程式"，而是真心委身于圣灵，作牠超自然的神性器皿。

这些发生在以弗所的事件，进一步证实了释放的事工可能对整个社区产生的影响力。士基瓦的儿子在被鬼附的人面前失态，逃跑，对以弗所城产生了一定的影响，尤其是针对居住在当地的基督徒，这事件成为耶稣门徒和非门徒的明显分界线。"**那已经信的，多有人来承认诉说自己所行的事。平素行邪术的，也有许多人把书拿来，堆积在众人面前焚烧。他们算计书价，便知道共合五万块钱。**"（徒 19：18 - 19）

到那时候为止，许多信徒显然是脚踏两条船：一只脚在神的国里，一只脚在撒但的国里；他们口里以基督为主，却保留平时用来行邪术的书。显然这些书很值钱，也许这就是为什么那些基督徒迟迟不愿交出的原因。 但当他们的眼睛被打开看到属灵真实时，他们就情愿让这些书当场被焚烧。

这里说的一块钱是当时一天的工价。如果要用今天的货币价值来计算，就算一天工价是四十美金，这里焚烧的美金价值约相当于二百万。显然行邪术很好赚钱！

这两个国度戏剧般的对抗结果，在这节经文中得到了归纳："**主的道大大兴旺而且得胜，就是这样。**"（徒 19：19 - 20）如果今天的传道果效很少有当初那么好，那么就值得我们问一问是谁该作改变了。是耶稣呢？是污鬼呢？还是教会？

第二部分
亲身体验的大课堂

个人经历从来不能构成圣经教义的根基，然而，当人们对教义的使用不甚明白时，经验可以有效地给教义带来光照，使教义更清晰明白。就这一点，很真实地体现在我个人经历属灵争战，面对邪灵的经历上。我以前也读过关于耶稣和门徒如何对付邪灵的记载，也接受这些记载是圣经启示的一部分，但是对我而言，却不像是活生生的存在。当时我也经常经历领罪人归主的喜乐，也见到祷告的功效，使病人得医治，但是却没有切实与邪灵交战的经历。但新约污鬼活动的外在影响却是在圣经里写得相当清楚明白。终于有一天，神以祂至高的大能，开始给我一些直接分辨，对付邪灵的个人属灵经历。首先，我自己领受到释放。以前我常受到消沉情绪的搅扰，当我认识到背后的缘由时，我向神呼求，就得着释放。后来，我看到邪灵在别人身上显现，我便亲身体验耶稣对门徒的应许，奉耶稣的名个污鬼赶出去（参可 16：17）。这使我的事工拓展到了一个新的维度……

回顾这一切，我意识到神让我在祂的经验大课堂里报到注册，以祂的权能带领我一次次经历属灵争战。结果，对付邪灵成了我在主里事工的一个日常组成部分。在以下几章，我将要分享神领我走这条事奉道路的途中，我学到的几个重要功课。

第 4 章
与忧郁对抗

那是第二次世界大战之后的几年。我先随英国军队在中东服役四年半，退伍后，便与一位丹麦教师利迪亚结婚。内人当时在耶路撒冷做一个小型儿童之家家长。因为我与她成婚，转眼间我就成了这个家庭八个女孩的父亲。这些女孩有六个是犹太人，一个是巴勒斯坦阿拉伯人，最小的一个是英国人。

我们全家一起亲眼看到以色列在 1948 年复国，之后举家遣返伦敦。当时伦敦仍处于战后重建，到处一片茫然。纳粹的轰炸机一夜又一夜地将恐惧和毁坏带给这城市无力还手的居民。即使在停止轰炸很久之后，弹痕依然遍城可见，许多景象令我联想到一个被敲掉二，三颗大门牙的人在咧嘴发笑。一些依然坚立着的房子长满了杂草，一片空荡荡的，成了全家败亡的沉默纪念馆。更难以入目的是一些房子所残存的空壳，只剩下熏黑了的断墙，空窗。放眼望去，全城毫无雅致，美丽的痕迹。

城市的外伤与人们的内痛相互辉映，当时普遍存在的心态就是愤世嫉俗。英国虽然是战胜国，但胜利的果子实在太苦了。市场供应的只有最基本的食物，糖，牛油，茶叶，香烟之类高价位的民生用品仍然是平价限量供应，而且购买的人大排长龙，似乎每个人随时都会暴跳如雷。

当时英国的属灵生命是二百年以来最低落的时候，定期参加教会敬拜的人不到百分之五。许多教堂成了住所，或变成仓库，还能使用的教堂，也很少能为人们带来希望的信息，可以舒缓普遍的忧郁症。

在伦敦定居不久，我就开始在市中心的一个小型五旬节派会堂里任职牧师。我对当时的整个印象是一片灰蒙蒙的气氛：街道是灰的，房子是灰的，人也是灰的。大部分时候天空也是灰的，当时用来取暖的燃料废气，挡住了至少百分之二十的阳光，冬天全城一片浓雾，伸手都不见五指。

但最令人沮丧的灰色，是我内心里的那种奇怪，无法言喻的灰色。按当时的属灵标准来看，我是一个相当成功的牧师。每个星期教会都有人信主，并有病人得奇迹般的医治，或圣灵在其他方面超自然地彰显。但是我却不断有一种内在挫折感，似乎一个听不见的声音在我耳边低声说：别人能成功，就是你不能。

其实到那时候为止，我的生命中充满了一连串的成功符号。十三岁时就被选为伊登学院模范生，在剑桥国王学院是资深模范生，毕业时我拿了古典哲学荣誉学位，课程包括古典拉丁文，希腊文，文化，历史，并被留校两年作高等研究生。最后，在二十岁被选立为人人羡慕的剑桥大学国王学院的会员。第二次世界大战爆发后，我加入的后方医疗队虽不能把我提升为军官，但我却得了一项英军最高荣誉奖。

在我服役期间，我超自然地经历了与主的个人相遇。这经历从此彻底改变了我的人生。退伍以后，我可以看到神是怎样一步一步地带领我进入牧师的事奉。但有一点我无法解释。那就是：当我追求自己的人生道路，不理会神的时候，我往往能破纪录地一路成功。可是现在我真心寻求祂对我生命的计划，定意要遵行时，却感到一种持续的压迫感，认为自己永远没有成功的希望。

即使在这种心境之下，我从来没有怀疑过自己得着救赎的真实性。这得赎的经历太深，并且永恒不变。但是有时这忧郁感临到我身上，像一片灰雾一样环绕着我的头和双肩。要冲破这迷雾，就像要冲破监狱那样难。我深感孤立，极为孤独，不愿跟人深谈，甚至包括我最亲的人——我的妻子，儿女们在内。我也不认识资深的牧师，能让我可以从他们寻得帮助。

于是，我想尽一切自己知道的属灵办法，试图除掉笼罩我的那一片灰色：每天按时读经两次，从不间断，一星期禁食一天，甚至有时候花几天，乃至一周警醒禁食祷告。在这样的时刻，忧郁会离开片刻，但总是会又再度拜访。每每这样，我的失望就愈来愈大。

我熟知罗 6：11 上的教训：**"你们向罪也当看自己是死的。"**每天我活用这节经文，向罪看自己是死的，向忧郁症带给我的后果，也认为自己是死的。但我好像就是无法经历到这一节经文下半节说的，**"向神在基督耶稣里却当看自己是活的。"**

战胜仇敌

终于在 1953 年，当我用尽所有自身的资源之后，神以一种我从未想过的方式帮助了我。我读到以赛亚书 61 章的头几节经文，说到圣灵超自然运作，为福音信息作见证。这正是路 4：16 - 21 的记载，是耶稣在拿撒勒会堂用来比喻自己的那一段经文。当我看到第 3 节时，我读不下去了。这里说**赞美衣，代替忧伤之灵。**这时好像有只无形的手在**"忧伤之灵"**几个字下面画上几条线一样。我不断重复读这几个字。这难道是神对我的病症下的诊断吗？难道说我一直挣扎的力量根本不是我自己本身的问题，而是一个邪灵侵占了我的心？

我回想到一个一直听人讲过，却自己从不理会的词："精灵"。这是不是指一个家人受邪灵附身，就会代代相传下来？

我想到家父性格中怪癖的一面，我从来就不得其解。他是一个好人，道德标准高，事业也很成功，他退伍时官拜上校。百分之九十八的时间里，他有完全的英国绅士风度，但是在短短的百分之二的时间里，我看到他身上有不属于他个性的一面。他很容易因为一点点小事而感到困扰，会像石头那样呆呆地坐着，一言不发长达 24 小时。他会远僻母亲，就连别人为他端一杯茶，他也不开口应声一下。过后也不知道是什么原因，他又会回复到正常的绅士面。这是一个新的认识，使我意识到类似的"精灵"也从孩提时代起，一直跟随着我。显然地已经研究过我的个性，熟悉我的弱点和一般的反应，知道在什么时候我最容易屈服在牠强大压力的攻击下。牠现在有一个主要的目标，就是阻止我有效地事奉基督。这是我生命中的关键时刻。我一直以为忧郁症和消极情绪是我的个性，是与生俱来的。我会因无法作一个更好的基督徒而内疚。现在我顿时明朗了。我根本不是在跟自己的个性争战。

圣灵很快让我记起约珥书 2∶32 的应许：**"到那时候，凡求告耶和华名的就必得救。"**我决定抓住这个应许，用在自己身上，于是，我简单地作了这样一个祷告，说："主啊，你已经向我显明我被一个忧伤之灵捆绑，但是，你的话语已经应许，只要我求告你的名，我就必得救。所以，我现在就求告你的名，求你来救我，释放我。奉主耶稣的圣名祷告。"

回应是即刻的。就像一个从天而降的吸尘器来到我身上，吸走了缠绕我头上，双肩上的灰雾。同时，我胸口处的一种压力也被除去了，使我松了一口气。

神回应了我的祷告。忽然我周围的一切明朗多了，也感到好像有重担离开了我的肩头，我自由了！先前我一直受这个灵的压制，即刻的自由却使我顿失所措，但是我很快发觉自由是正常的，而压制才是不正常的。

仇敌并未轻易放弃我，我仍旧要与忧郁搏斗。但是一个明显的不同在于，他现在只能从外面攻击我，却不能从里面攻击我了。渐渐地，我学会了抵挡。

邪灵反攻的焦点在于使我悲观。当事情好像样样不顺的时候，我会轻易地专注消极念头，一味思索那些我猜疑会发生的坏事。这样不用多久，我就会感到那熟悉的灰雾向我的头部及双肩袭击过来。

这时候神教导我另一个重要功课：他会为我做我不能做的事，但是他不会为我做他要求我做的事。神回应了我的呼求，救我脱离那忧伤的灵，但是过后他把责任交在我的手里，要我用属灵节制去控制我的意念。

显然我需要有东西来保护我的心思。在我默想弗 6：13-18 中保罗列出的"**属灵军装**"时，我得到了一个结论：保罗称为"**救恩的头盔**"的那样装备，是神赐下来保护我心思的。这使我想到，我真的有救恩的头盔吗？我知道我已经得救了，这是不是就意味着我自动就戴上头盔了呢？

我也随后意识到，保罗这封书信是写给已经得救的基督徒的，但他仍然指示他们"戴上"救恩的头盔，这就把责任交在我身上了。我必须自己"戴上"这头盔，但这头盔又是什么呢？

很幸运当时我用的是串珠圣经。弗 6：17 的相关经文是帖前 5：8，这一节的下半节是："**把得救的盼望当作头盔戴上。**"这很符合我的逻辑性思维习惯，我的问题是悲观，而悲观的反义词是乐观，乐观就是盼望最好的事物，所以，盼望是我的保护。

帖前 5：8 又引领我去看来 6：18－20："**.... 好叫我们这逃往避难所，持定摆在我们前头指望的人，可以大得勉励。我们有这指望如同灵魂的锚，又坚固又牢靠，且通入幔内。作先锋的耶稣 .... 就为我们进入幔内。**"

在这里，我又找到另外两个有关盼望的画面。第一，盼望用来比作祭坛上的角。在旧约时代，当一个人被敌人追赶，遭受生命的危险时，他可以抓住祭坛上的角而寻求避难，他的敌人就不可以碰他了。对我来说，这祭坛代表耶稣在十字架上为我受死，角则代表我的希望；这"望"是基于耶稣的赎罪祭，只要我拼命抓住这"望"，我的敌人便无法走近来伤害我。

第二个"望"的图画是锚。这又是什么意思呢？我的大脑里展开了一个简短的对话："什么东西需要锚？"是船。"为什么船需要锚？"因为它漂浮在水上，水是不定的物质，不能使船停靠稳定，它需要人把锚抛下去，穿过不定的物质，并扣住一个稳固不动的东西，如岩石。

我看到自己生命中的希望正像锚一样，这锚穿过今生的动荡不定，并紧紧地扣住在耶稣这个永恒万古的磐石上。

在我思想"望"的意义时，我意识到"望"和"痴心妄想"之间的区别。从希伯来 11：1 中，我看到：**信就是所望之事的实底，是未见之事的确据。**我需要如锚般的"望"，建基于这句经文中所说的信和应许的坚实基础上。没有这个圣经基础，"望"就很可能只是一种痴心妄想而已了。

渐渐地，我找到了一个简单，实用的方式，把这些真理应用在我的日常生活中。我学会了区分自己头脑里的意念和邪灵潜入的意念。每当敌人临到我，想以消极悲观的意念引诱我时，我就克制自己，用圣经上的积极话语去抵挡消极意念。

如果那个邪灵提醒我事情不尽顺利时，我就用罗 8：28 去抵挡，说"**万事都互相效力，叫爱神的人得益处。**"不时地，污鬼也会拿出他以前的惯用伎俩对我说："你永远不会成功。"我就会用腓 4：13 的话去抵挡，说：**我靠着那加给我力量的，凡事都能作。**彻底的得胜不会一下子就来到，但是经过一段时间后，我渐渐会自动运用圣经中积极的话语，去抵挡邪灵的消极意念。结果，那个邪灵很少再来攻击我。

神也开始教导我，让我知道不断地感谢，赞美祂的重要性。我发觉这样会使我被笼罩在一种气氛中，叫邪灵不得不逃开。诗 44：1 大卫的话深深地打动我，他说："**我要时时称颂耶和华。赞美他的话必常在我口中。**"这诗篇的引言部分说明，当时大卫受扫罗王追赶，四处藏身，危在旦夕。他逃到亚比米勒王宫里，但是却被赶了出去。撒上 21：13 记载，大卫"**在他们手下假装疯癫，在城门的门扇上胡写乱画，使唾沫流在胡子上。**"

如果大卫在这种情况下，还能不断地称谢神，我想，我也当在任何情况下称谢神，毫无例外。

功课

从这些种种抗争中，我学会了三样功课，日后证明具有很大价值：第一，新约明明记载了污鬼活动的真实情况；第二，神超自然地提供释放人的方法；第三，常引用圣经的经文以保持被释放的经历。基督徒常会很片面地看待释放的事。有些人把重点放在赶鬼的实际过程，有人则拒绝释放中的超自然因素，只强调节制，自控的一面。事实上两者不能互相取代，释放不能取代节制，节制也不能取代释放，两者缺一不可。

回顾过去的种种经历，我常问自己，如果神没有以他超自然的方式来帮助我，使我从忧伤之灵中得释放，我的人生过程又会是什么样的呢？我相信，如果那样，迟早我会陷入失望之中，被迫离开事奉之路。所以，当今日看到我被释放后结实累累的四十多年事奉经历，真是无比美好！

我也同样意识到，与邪灵的对抗并不是一种我自己的奇怪独特的经历。相反的，我相信凡蒙呼召进入事奉的基督徒，都是撒旦的主要攻击对象。牠使他们遭受邪灵的无情压力与折磨，目的在于迫使他们离开事奉，往往牠竟然成功了！完全的保障只有一个：学会识别邪灵的活动，并按耶稣既定的模式去抵挡邪灵。这正是我迫切写本书的主要原因。

第 5 章
未能获帮助的人

一般人会很自然地以为，在我奇妙地经历到从忧伤中得释放后，我会立刻去向会众分享这些令人激动的真理。可惜事情并非如此。这有两个原因。

第一，很简单，是骄傲。我觉得作为一个牧师，责任是要生活在比教会成员高一层次的属灵境界上。他们一有问题就会来找我，我应当对他们所有的问题持有答案。我要是当众宣告，我从一个邪灵下得释放，那会有什么样的结果呢？他们当中很多人一听到"邪灵"二字就会瑟瑟发抖。也许他们从此不会再尊重我这个牧师了，也许他们从此不来听我讲道，那我会成为一个没有羊群的牧人。

于是，我决定把从辖制中得释放当作是个人私下的事，因我认为一个牧师跟会众分享这样的事很不适宜的。

我在此事上保持沈默还有另一个原因：自从我信主之后，就一直认同五旬节派运动，并赞同大多数的主要教义。其中之一就是：作为一个得救，接受圣灵，并说方言的基督徒，之后就不再有必要从污鬼下得释放。

关于这个教义，我从来没有听到一个合理的，符合圣经的解释。大部分基督徒会以为这很显而易见，并不需要圣经证据。然而常常也有人引用耶稣在约 8：36 中所说的一句话："**所以天父的儿子若叫你们自由，你们就真自由了。**"似乎这就解决了一切问题。但是耶稣在约 8：31－32 中说的是："**你们若常常遵守我的道，就真是我的门徒。**"可见，"**真自由了**"并不是自动会发生的，这里的条件是认同神话语的真实，并要顺服遵行。

这就给我带来了难题：假如我不肯顺服，我还需要进一步得释放吗？在我个人经历中，我怎样知道自己真的自由了呢？我的结论是：我没有资格就这些问题立刻下结论；我也认识到宗教传统是塑造一个牧师的最有力影响。要从传统中突破，需要真正的力量和确信。我的分析是：我个人经历释放是一回事，而叫我迈开步伐去教导别人说："一个受圣灵洗的基督徒也需要从邪灵下得释放。"这可就完全是另一回事了。

其实，我自己也不敢确定发生在我身上的事是否可以成为帮助别人的模式。也许我的情况比较独特。如果是这样，那么连向我自己的会众提议——他们可能需要从邪灵辖制中得释放，也许都会损害他们的信心，使他们动摇。

最后，我只与内人分享我的释放经历，并没有在公众场合下说任何一个字。即使有基督徒来找我解决一些无法解决的难题时，我也从不敢说他们的问题可能出于污鬼，他们需要被释放等等。说起来惭愧，我当时连自己也排除这种可能性。

这个不符合圣经的决定，限制了我事工的果效。一些来找我帮助的人经历了真自由和完全的得胜，但是另一些人虽然有些进展，却又好像碰上一道无形的障碍，因而从来没有完全发挥出作基督徒的潜力。

马库斯和罗杰

今天我才意识到自己没有尽到牧师的责任。我因着自己没有给他们应有的帮助而难过。有两个例子，在我脑海里印象很深：

第一是马库斯，他是一个德国籍犹太人。他和长兄是他们一家仅有的两个幸存者，没有在希特勒的死刑毒气室里身亡。后来在英国，马库斯奇妙地与拿撒勒人耶稣相遇，并在圣灵里受洗。很多时候与他一起祷告时，我听到他说一种不为人知的方言（我熟悉德语，知道他并不是说德语）。我认识他的时候，他一直大胆地为耶稣是他的救主和弥赛亚这个信息不断地作见证，但是他好像从来无法进入耶稣应许给信徒的那种内在平安。

除了法西斯大屠杀的创伤，马库斯的背景还给他另一个心灵创伤：他出生时，母亲想要一个女儿，于是不能接受他是男孩的事实。所以，在他的童年时期，母亲把他打扮成女孩，从各方面把他当作女儿对待。

马库斯不时会经历周期性的真平安，过得胜的生活，但是又不时会故态复萌，沦入黑暗失望之中。他受一种无法解释，也无法解决的罪疚感折磨。有时候，为了惩罚自己，他会把手指放在门缝里，再用力开门，挤压手指，他甚至被迫去喝自己的尿。

这类的事发生时，他会来找我帮忙，大声地说："你能够把这恶魔从我身上赶走吗？"可是，我排斥他真有邪灵附身，需要得释放的可能性，因为毕竟我听他说过方言嘛！

后来，我辞区伦敦的牧师工作，也就渐渐失去与马库斯的联络。但是从个朋友口中得知，他为了治疗一种无名的精神错乱症，而在前额动手术。显然这个疗法并没有给马库斯带来长久的益处，因为几年后他就过世了。

回头来看，如果我当时愿意承认他问题背后有邪灵的作为，我应当能帮助马库斯。

另一个例子是罗杰。他在我的一街头布道中信了主。他信主的经历很奇妙，并在圣灵里受了洗，开始热心，全力事奉主，为主作见证。其实他的热心和执着，曾一度把我们一些同工都比下去了。但是，罗杰有一个常常容易重犯的恶习，是一个很窘迫的罪。这罪在那个年代中人们都难以启齿，就是手淫。他憎恶这恶习，与它对抗，但是却没有完全，持久地得胜过。罗杰会来找我和利迪亚，说："为我祷告吧！"有一次我们为他祷告，从夜里十点到凌晨二点。那时候，罗杰说："他要离开我了，就要离开我了。不要停止祷告，我能察觉到牠，牠在我手指上，就要走了。"胜利似乎近在咫尺，但是不知为什么总是避开了我们。在我认识罗杰的数年里，他从来没有胜过这个毛病。

探针和钳子

马库斯和罗杰的例子是众多例子中的两个而已。我没能帮助他们，是因为我没有把他们的问题当作邪灵搅扰来对待，就好像发生在第二次世界大战中的一个事例。那时我在北非随英军医疗队工作。

一天，有个带着弹片创伤的士兵来到我们的接待处。他的伤是因附近炸弹爆炸而引起的。他脱下衬衫，在一个肩头露出一个小刺孔伤痕，伤口的边缘有一点黑。我立刻想到医疗设备中现成的消毒敷料，就对医务官说："先生，我去拿急救敷料，好吗？""不，那不是他所需要的。"医生回答说："给我拿一个探针来。"

医生叫那人坐在椅子上，然后把那个细小的银刺棒刺入那人的伤口，在里面小心谨慎地扭动了一圈，突然间那人大叫一声，跳到半空中。

"好，现在给我拿一把镊子来，"医生说。我拿来一把镊子，他把镊子插入探针处，然后，小心取出一块黑金属片，在清洗完伤口之后，他终于对我说："现在你可以去拿敷料了。"

事后，他解释说："你看，这个造成伤孔的弹片还在里面。如果你不取去弹片，而光把它用敷料裹上，只会不断发炎，造成更多麻烦。"

现在回头看我在伦敦的服事时，才意识到，有时候我犯了与战时接待室里所犯的同类错误。在帮助一些前来求助的人时，我试图用急救敷料去覆盖一个仍受邪灵搅扰而"发炎"的伤口。在我真正能帮助这些人之前，我应当具备两个基要的属灵设备：分辨的"探针"和释放的"钳子"。我要在下面几章描写神在我身上的工作，它为我提供了这两个服事所必须的工具。

第6章
与邪灵交战

1957 年，我离开伦敦的牧师职位，以教育支援的身份和利迪亚一起去肯尼亚作宣教士。在那时我结识了一些非洲的传道朋友，他们常跟我们描述他们与邪灵对抗的经历。有一回，一位没受过教育的非洲妇人来找他们帮助。她只会说本族土语，但是邪灵却从她口中用英语说："你们不能把我赶出去，你们学问不够。"听了这话，我的朋友回答说："我们不是凭学问把你赶出去，而是凭我们是主耶稣基督的仆人！"

我了解这些朋友的习性，知道他们不是夸大其词，而是有的放矢。他们说的这段经历让我联想起记录在新约中的一些事件。但是，我却不知道如何应用这些知识。身为教师进修学院的院长，工作已够我忙的了，所以我只把这信息当作"待处理文件"搁在一边。

在那里事奉五年之后，我离开了肯尼亚，并在欧洲，英国，加拿大，美国作巡回布道。然后，在 1963 年，我接受了在美国西雅图的一间小型五旬节派教会作牧师的工作。有个星期六，我在家里接到一个灵恩派浸信会牧师艾力克·华森打来的电话，我才认识他不久。他在电话中说："我这里有一个妇人，她已经受过圣灵的洗，但她需要从邪灵中得释放。"我从来没听过一个浸信会牧师说这样的话，接下发生的事就更出乎意料之外了。他在电话中继续说："主向我启示说，你和你妻子要作释放她的器皿，而且今天就要做。"我有点震惊，我当然不乐意别人为我作决定。所以，我很快作了一个祷告："主啊，这是出于你吗？你真想叫我做他所说的事吗？"奇怪的是，我意识到主的回答是："是的，这话出于我。"于是，我只好对那牧师说："好吧，把那妇人带过来。"

第一场争战

在我和利迪亚等候这位牧师和妇人过来时，我们家来了两位不速之客，是福克纳夫妇。他们是长老会成员，丈夫叫约翰，妻子叫雪丽。他们刚经历过圣灵的洗。我告诉他们，我们正等这两个人来，并邀请他们留下来和我们一起祷告。

当艾力克·华森来到的时候，他带来了一位金头发，蓝眼睛的妇人，叫伊丝特·韩得森。我仔细上下打量了她一番，想找到一下外在的证据，证明她奇怪的属灵景况。比如看看有没有眼睛怪异，也许会发怪声说话。但是，她看上去是一个完全正常的普通中产阶级的美国妇人。她年约 35 岁左右，看起来既不紧张，也不害怕。华森牧师马上进入主题，他叫伊丝特坐在椅子上，然后解释道："她已从尼古丁邪灵之下得释放，但是还有其他邪灵在身上。"听他这么说，我决定保持中立，直到神让我看透真相，或给我们明确的指示。

华森牧师站在伊丝特面前，开始大声地说："你们这些污鬼邪灵，我命令你们从伊丝特身上出来！"在没有任何明显回应之后，他的声音更加放大了，并重复同样的话："我命令你们出来。"仍然是毫无动静。牧师又继续说："我知道你们在那里，我奉耶稣的名命令你们出来！"

在他提耶稣的名一刹那，伊丝特身上开始有明显的反应。我再仔细观察她时，她的面色变了，好像另一个个性显明出来，她两个眼珠中间出现了一种黄中带绿的光。我知道了这个普通的浸信会妇人里面有另一股势力存在。

艾力克·华森继续站在这个不知道是什么东西的前面，大声呼叫着，显然他觉得大声呼叫会带给他更多的权柄。但是过不了多久，他看到自己并没有什么进展，便面带疑问地朝着我看。我在这期间已认真考虑过了，特别回忆了耶稣的处理方法。于是，我来到伊丝特的面前说："好，在这妇人里面的邪灵，我跟你们说话，而不是跟妇人说话。你名叫什么？我奉耶稣基督的名命令你回答我。"回答马上就来了，只是一个字，是以极其恶劣的口吻说出来的："恨"！

这妇人脸上的每个部位都布满了浓厚的恨意。我一生中从未在人眼里见到这样的憎恨。邪灵这么快就回答了，令我极为惊讶，我反倒不知道下一步该怎么做了。但是，我决定按照耶稣对门徒的指示去做。我于是命令道："我奉耶稣基督的名，命令你这憎恨之灵从妇人身上出来！"一个根本不像伊丝特的蛮横声音回答说："这是我的屋子，我住在这里已 35 年了，我不要出来。"我猛地想起太 12：44 记载的污鬼从那男人身上出来说的话："我要回到我所出来的屋里去。"所以，这邪灵说伊丝特是"我的房子"是符合圣经的。想到这里，我对邪灵说："奉耶稣基督的名，你必须出来。"在我不断重复"奉耶稣基督的名，你必须出来。"时，邪灵不断向我抗议。这真是一场意志的争斗。邪灵一回一回地被打败，每回都需要相当长的时间。但是，我愈引用经文，奉主耶稣的名祷告，我就愈能胜过敌人。最后，那鬼开始跟我讨价还价说："如果我要出来的话，我还要回来。"我说："不，你出来，就待在外面了。然后牠说："好，我即使我出来了，我的弟兄们还在这里，牠们会把她整死的。"这同时给了我一个有用的讯息，显然那里还不只一个鬼。然后，那鬼说："即使我们从她身上出来，我们还能抓得住她女儿。"我说："不，你们从伊丝特身上先出来，然后再从她女儿身上出来。"我本来不知道伊丝特有一个女儿，但是我遵循的原则很简单：邪灵说什么，我就针对他说相反的话。

这时，邪灵改变伎俩了，忽然间将伊丝特的双臂举起，交叉在她的喉咙上，她开始用自己的双手掐自己。那个长老会的约翰·福克纳比我高大，我们马上合力成功地把伊丝特的双手从喉咙那里掰开。但她当时的力气是超自然的。

然后，我又回到与邪灵的交战，我开始察觉到肚子里有一股强大的压力，像吹起来的气球一样，推着伊丝特里面的邪灵。突然，一个嘶嘶的声音伊丝特口中发出，她的头无力地往前倾，身子也放松了起来。同时我里面的"气球"也扁下来，我知道那邪灵出去了。然而不多久，伊丝特再度僵直，我里面的气球又吹涨起来，我意识到我在对付那邪灵说的其他"弟兄"当中的一个。

我以同样的过程对付下一个邪灵。这邪灵说他的名叫"惧怕"。经过一阵交战，牠也出去了。伊丝特再一次松弛下来，我里面的"气球"也扁下去来。我很累，于是就退下来，让其他人上阵。他们大多顺着我的顺序应战。等到战争结束时，当场几乎每一个人都参与了。这场争战一共持续了五个小时。

"惧怕"之后的邪灵分别叫"骄傲"，"嫉妒"，"自怜"。哦，自怜也是一个邪灵！我自言自语地说。我开始明白为什么有些人在困难时从来就不能保持积极的态度。其实这整个交战过程为我打开了一个新窗口，叫我今后观察人的举止，和举止背后的动力了。

再接下来的邪灵称自己为"不贞"，我懂了，这是一股属灵势力，促使已婚的男女去犯奸淫。再下来的邪灵自称为"死亡"。一开始我有点半信半疑。以前我一直把死当作一种纯自然现象，然后我回顾启6说的骑在马上的是死亡，所以死是有位格的！这是不是意味着死也可能是一个邪灵呢？我好奇地对那死亡之灵说："你什么时候进到这妇人里面的？"他回答说："约三年半之前，当她在手术台上差一点死去的时候。"

最后当那死亡之灵出来时，伊丝特仰脸躺子地上。她的面部变黄，冷冰，就像一具死尸，毫无血色，如果那时有人走进那间起居室，会认定地上躺着一个死亡的妇人。我回想耶稣从一个男孩身上驱走聋哑之灵以后：**"孩子好像死了一般，以致众人多半说，他是死了。但耶稣拉着他的手，扶他起来，他就站起来了。"**（可9：26 - 27）

伊丝特在地上躺了约十分钟，然后就举起双手，开始赞美主，说起方言来。终于，她的力气开始回复，她站了起来，约半小时后，我们把她交给华森牧师，送她回家。

　　福克纳夫妇和我们彼此以惊讶的眼神对看了一下，然后其中一个人说："让我们喝杯茶吧！"回顾这事时，我们都很激动。我们头一次亲眼看到耶稣给我们对抗邪灵的权柄，以很戏剧化，超自然，客观的方式展现出来。

另一个俘虏得释放

接下来的那个星期约过了一半，伊丝特·韩得森打电话对内人说："我想牠们又想要回来，你们来帮帮我吗？"

　　于是我们开车来到伊丝特家，去辅导她，并为她祷告。看来好像邪灵在以惧怕压制她；好当作重回原地的大门。我们凭雅 4：7 的经文鼓励她站稳立场，说："**要顺服神，务要抵挡魔鬼，魔鬼就必离开你们逃跑了。**"在家的时候，她最小的六岁女儿在家里走来走去。她叫露丝，是一个瘦小，不快乐，孤僻的孩子。每次我正视她的脸时，她总是转移目光，把头低下。后来我才知道她被当作弱智儿。我对伊丝特说："我知道魔鬼不会说实话，但是当那些邪灵说牠们持有你女儿，我相信牠们必定是说实话了。"伊丝特说："你能为她祷告吗？"于是我和利迪亚跟她约好，叫她下个周六带露丝去我们家为她祷告。然后，我们邀请了福克纳夫妇一起来，以祷告支持我们。

　　到了周六，在我们祷告之前，我问伊丝特对前一个周六发生在客厅里的事记得多少，她说，从"恨"之灵出去之后到她躺在地上赞美主，其间她什么也不记得。邪灵完全淹没了她的个性，利用她的嗓音，面貌作渠道表现自己。后来伊丝特也证实她在三年半前接受过一次大手术，差一点就在手术台上死去。

　　然后，我们开始为露丝祷告，程序与伊丝特的相似，邪灵们再一次彰显自己，控制露丝的表情，面貌，并借孩子的嘴唇说话。其间，我转身问伊丝特："那是你女儿的声音吗？"她不知所措地回答说："这根本就不像我女儿是声音，我怎么也想不到是这样的！"

露丝身上有些邪灵和她母亲身上的相同，但是数目没那么多。跟伊丝特一样，第一显出来的是恨，最后是死亡。当死亡之灵出来后，露丝仰脸躺在地上像死尸一样，就跟她母亲先前一样。

当伊丝特和露丝得着完全的释放后，我们把她们母女一起交托给艾力克。华森牧师，让他继续在灵里看顾她们，而且，我和伊丝特仍然保持两年的联络。在这期间，她在属灵上有很好的进展，尽管她仍然需要不时地对抗邪灵的挑战。至于露丝，她已经变成了一个正常，快乐的小女孩，不再被当弱智儿了。看来那些邪灵先前压抑了她的天性和智力。

伊丝特·露丝的经历，使我能从一个新的启发去看待我的会众。我看到以前未能理解的特性，势力在他们的身上动工。是不是他们里面也有邪灵在作怪呢？如果一个像伊丝特那样"良好"的浸信会会友有邪灵附身过，难道"良好"的五旬节派会友也会有类似现象发生吗？

第 7 章
讲坛上的挑战

我的会众是很好的五旬节派信徒，我很爱他们。正如五旬节派专门教导他们的那样，他们时常见证自己成为基督徒后的平安，喜乐，我也不怀疑他们的真诚。但是，我也知道，他们所谓的平安，喜乐，只不过是一种宗教外观而已。他们背后却隐藏着无法释放的紧张和压力，尽管他们都想努力去压抑，掩盖，但总没能克服。

我开始拐弯抹角地在讲道中教导释放这个主题，告诉他们：一些人无法完全解决的问题，也许是由于邪灵的活动造成的。但是，我的暗示很少有作用，会众们只是轻松地坐着，嘴角满是讥笑，他们似乎在说："牧师头脑有点不正常，不过他会好起来的。"如果光叫我对付这事，我倒也不知该怎样处理。但是，事情并非如此。在我帮助伊丝特与露丝后约一个月的某个主日，神和撒旦都悄悄地干预，从此打破了表面的平静。

那个主日早上，我选了赛 59：19 作主要的讲解经文："**因为仇敌好像急流的河水冲来，是耶和华之气所驱逐的。**"我当时没有意识到，我的这篇讲章被记录下来了。过后，我再听录音带时，才能客观地确定讲章的内容，以及紧接下来所发生的事。我讲了约 15 分钟后，但圣灵很快接管了过去。我开始讲一些事先没有预备讲的事。连音调也都变了。我开始变得异常大胆。我的主题是："无论魔鬼做什么，神总归有最后的发言权。"神开始把一些例子带入我的脑海里。我说："埃及有行法术的人，但是神有祂的摩西。巴力有他的先知，但神有以利亚："然后，我想到当神要告诉亚伯拉罕他子孙的情形时，他带亚伯拉罕到外面去看夜空，让他看天上的星星。但其他光源都灭了的时候，星星就闪烁得比什么候都亮。这就是末世时候的光景。在其他光都灭了的时候，我们这些亚伯拉罕的子孙，因信耶稣基督，就会像星星闪烁发光。"

在我说这番话时，独自坐在最前排的一个年轻妇人突然发出一声又尖又长，骇人听闻的喊叫，她的双手一面朝上，身体则摊倒在地上，样子很不合女人的体统。她躺在讲坛前面翻滚扭动，口里还呻吟不止。这是撒旦对我所宣告之话语的挑战，因我说：不管魔鬼做什么，神都有最后的发言权。这邪灵干脆就在讲坛前示威了！我不得不选择要证实我所讲的内容，以致停止了讲道。

这时候，我决定在撒旦面前不妥协。但是，我也意识到我需要一些支持。于是，我叫了内人利迪亚到前面来,我知道她靠得住。我觉得还需要更多的支持，但当我开始察看那些良好的五旬节派会众时，他们都惊讶得不知所措。然后我在后排看到了我的长老会朋友福克纳夫妇，就叫他们也来到前面。于是，我们四个人围着躺在地上扭动呻吟的妇人周围。一开始我没能马上认出那人是谁。雪丽·福克纳没有等我发话，便像猫捉老鼠一样，说："在这妇人身上的邪灵，你名叫什么？"从那年轻人喉咙里发出一个男人的声音说："我名叫..."但却没说出来。雪丽又问了一遍同样的问题，邪灵说："我名叫..."就停了。每次她发问，就都只能得到同样的回答。于是，我插进去，用对付伊丝特身上邪灵的方式对那邪灵说："这妇人身上的邪灵，我奉耶稣基督的名跟你说话，不是跟这妇人说话，你名叫什么？"邪灵回答说："我名叫..."我重复地问，但回答总是一样。我意识到自己再次卷入同样激烈的面对面的交战中，跟帮助伊丝特时一样。但这次我有全会众坐在那里当观众呢！

我回想起门徒向主回报的话，说："**主阿，因你的名，就是鬼也服了我们。**"（路 10：17）所以，我对那邪灵说："奉耶稣名，你受我管。你名叫什么？"得到的还是同样的回答:我名叫..."就没有了。看来，我要用经文和耶稣之名击倒这邪灵了，我便开始这么作。突然，这邪灵放弃了,他大声说:"我的名字叫...撒谎！"会众中的每一个人都跳了起来，又哗啦一声坐下！

我的脑子很快对照一下圣经，想到王上 22：22 记载了亚哈的先知口中有"谎言的灵"，这就说明我得到的回答是符合圣经的。

我的印象是这妇人可能常听信谎言，而不是说谎话。我对那邪灵说："你这谎言的灵，从这妇人身上出来！"那邪灵与我对抗，不愿出来。但是，到这时我已经很有自信，只要我不断用耶稣的名，牠必要服从我。十分钟后，邪灵大声长叫了一声就出来了，声势像一列快车经过的样子，没有人的肺可以支撑这么长的大声量。在这邪灵出来以后，妇人的舌头伸出口外，是紫色的，扭曲像蛇。然后，在吼声消失后，她像一个空皮袋似地瘫倒在地上。我站在教堂圣坛前面，静静地感谢神给我先前私下在家里与邪灵对战的经历。

后面还有呢！

显然，一个邪灵已经从这年轻妇人的身上出来了，但我里面的压力警告我，还有其他的邪灵要对付呢！没有这个警告，我会很轻易地说："赞美主，我们的姊妹地释放！"以致不再做什么。但是，迟早她的行为会表现出她尚未完全自由的迹象，使得释放工作前功尽弃！同时，我也意识到在主日崇拜时继续公开服事不尽妥当。所以，我对约翰·福克纳和站在一边的教会司库说："请把这妇人带到我办公室去，我好继续讲道。"这两个人和利迪亚带她到我的办公室。我又回到讲坛上，此时我所面对的都是些张着嘴巴，睁大眼的会众。那天早上的彰显使他们确信邪灵的存在，这要比任何讲道还有效呢！

　　不消一会儿，我听到暗暗的重击声从办公室方向发出。然后利迪亚的头从拐弯处伸了出来。她说："你最好快快过来这边。"

　　我知道她不轻易慌张，于是就对会众说："我要就此停止今天的讲道。大家可以留在教堂里祷告，也可以散会。"在我离开讲台时，有个会众向我走来。她是一个敬畏神的妇人，是教会司琴的母亲。她说："叶先生，那是我女儿吗？"我立时愣住了。"我们的司琴莎伦，她总是坐在最前排，是一个脚踏实地的五旬节派的会友。从小就得救，受了圣灵的洗，她父亲是五旬节派的牧师，丈夫是五旬节派圣经学院的学生，大伯也是五旬节派的牧师，她本人总是很文静，为教会作司琴的工作，根本不像那在地上的女人啊！"我不知道该怎样回答。最后，我说："我想一定是莎伦，前排座位上没有别人。""我可以跟你去办公室吗？""当然"莎伦的丈夫和父亲也都加入进来。我们一齐去到办公室。眼前的一幕是我从来想都没有想过的。约翰·福克纳和教会司库各别按住莎伦的一个膀臂，但是，只要她能挣脱，她就撕衣服。我自言自语道："这是作牧师的自找麻烦的时候了。"

我对莎伦的丈夫，父母大声说："如果你们想带莎伦去看精神病医生，我绝不反对。如果你们都不同意我继续处理此事，我会就此停止。"他们都一致回答说："我们要你来处理。"约翰·福克纳和司库都退下离开，因为莎伦的丈夫和父亲接管按她的手。因服于他们的权柄之下，莎伦的发作也消退了。

然后，莎伦的母亲把我拉到一旁，开始对我说，她正安排与我约时间辅导莎伦和她丈夫。这母亲是一个专业的护士，她用极其专业的用语向我描绘了这一对年轻人之间发生的事。那个时代基督徒不用"口交"这个词，但我领会到这是她想要告诉我的事。我回想到那撒谎的灵在离开莎伦之后，她舌头奇怪地扭曲情形。这是不是说明有邪灵在作怪呢？

在我与她家人开始交谈时，另一个因素引起了我的注意。莎伦和她丈夫的哥哥（是个牧师）之间发生一种奇怪的迷恋关系。他们彼此之间有书信往来，信上没有什么利害关系，但可能有性挑逗的口吻。当时在莎伦的手提袋里就有这样一封信，是写给这位大伯的。我立刻说："这是一个有罪的关系，除非你悔改，弃绝，否则我不能为你祷告。你不能一面犯罪，一面期待耶稣释放你。但是，如果你乐意弃绝这关系，那么就把信给我，我当面撕毁它。"

莎伦花了十分钟的时间考虑这事。最后，她把信递给我，我撕毁了，丢在垃圾筒里。在我为她祷告时，她滑到地上坐着，我也随即蹲到她旁边。我觉得主指示我：只有一种姿势，才能让莎伦获释放，就是把她的身体倾向前方，把头放在两膝之间。好像神在亲自慢慢指引我的动作，我的手按在莎伦的小背上，使她身上往前，然后开始邪灵出来。在接下来的一个小时里，牠们一个一个地出来了，出来时都一一报名。几乎每一个名称都与性有关，一个叫"挑逗"，另一个叫"抚摸"。还有些名称很猥琐。

很奇怪，我按在莎伦背上的手就像一个电子机器，每当一个邪灵出来时，我就察觉到手掌轻轻地震动，好像自动记下他们的离开一样。等到似乎是最后一个邪灵离开时，莎伦背朝着地软软地瘫下了，并在地上躺了约十分钟。最后，她把手举到空中，开始赞美主。在我看来，她是完全得释放了，但是结局很可悲。莎伦再也没有回到教会，她不好意思见到那些看见她在主日早上失态的人。对我来说，这似乎是教会的一个控告，我们"太庄重了"，真正有困难的人不能来找我们。这也引起我省思自我的灵魂，我所牧养的是什么？是一个主日聚会的社会俱乐部呢？还是人们可以把需要带来求帮助的地方？

我作的决定确定了我的未来。我不能凭良心用余生去牧养一个中产阶级社会俱乐部。我决定把神赐给我的能力用来帮助最需要帮助的人，即使这意味着离弃正规的宗教举止。但是，我一点也不知道这决定会把我引向何方。

水花和波纹

那次主日早晨发生的事件，像是一块石头被丢进池中，先是溅起一池水花，然后是泛起层层涟漪，一直漾到池边。水花发生在邪灵叫莎伦在我讲坛前瘫倒的时候。接下来的一周，我和利迪亚开始察觉到涟漪的效应。人们从四方来求助，大部分是我们从来没见过的人，他们多半来到我们的住处，而不是教堂。我也不知道他们怎样找到我们的。一周复一周，我们不断地辅导来我们家的人，为他们祷告，使他们从邪灵手中得释放。我们很少能凌晨二，三点之前就寝。

这样过了一阵子，我的体力开始支持不住了。我于是学会了一个很重要的功课：如果我不顾及身体和属灵景况，就不再能帮助别人得释放，反而需要得帮助了。一个体力，灵里疲乏的人，最容易受邪灵攻击。我也很快发现，圣经的正确指示是使释放成功的关键（我会在第 21，22 章提供指示）。在我为别人祷告之前，我必须提供合理的圣经基础。这样，就可以在他们身上建立信心，支取耶稣在十字架上代赎的好处。然后，基于彼此的信心，胜利就很有把握了。这一切都要花上很多时间，我意识到我会面临一种危险，就是忽略自己在其他方面的牧师职责。是不是到了该辞去牧师职责的时候呢？然而，神带领我——面对新的情况。每一次都启示出这事工的新层面，这些都需要我去掌握。然后，他带我面对下一种情况，不过是要在我完成前一个功课之后才会发生的。评估所发生的一切，我意识到神没有用神学院课堂上所学的去教导我如何释放，他让我就学于一个名声较小的课堂，就是经验的课堂。

第 8 章
表层之下

这些与邪灵作战的鲜活事例，为我打开了一扇奇异的属灵领域新窗口。福音书中记载有关邪灵彰显的事，不再是远古时期的奇异文化，而是霎时活化起来的事实。从我自己的经历中，我看到这些对第一世纪的以色列的记载，同样与二十世纪的现代人有着关联。

多年以后，有一次在度假时，我遇到一个经历，使我不禁回忆起最初对抗邪灵的经历。那是我第一次用通气管潜水。当我往水下看去时，我看到了一个全新的世界：一些我从未见过的水族色彩斑斓，在与陆地大不相同的水中植物背景衬托之下，悠游自得游来游去。我自言自语到：想想看，奇异世界在我的一生中跟我难得那么近，我之前几乎没有意识到它的存在。而我所要做的，只不过是套上通气管就可以观看水里面的世界了！

对我来说，现代文明就像没有带通气管的潜水夫。我们的人文主义，反超自然的宇宙观，使我们不能认出邪灵世界的存在实质，尽管这世界离我们并不远。在一些非洲，乡村地带，人们能意识到邪灵的存在，并能描述很多邪灵搅扰人的事，在大城市里，邪灵照样对我们的生活不断施加有力的影响。但是，我们的人文主义偏见使我们被蒙蔽，看不到事实。其实，我们不愿承认这个事实，使得邪灵可以恣意活动而不被察觉。我们很容易把他们加上一个高调的心理学或精神病的术语，但是我们所能提供的医疗却常常很令人失望。

我们所需要的"通气管"就是回到新约的属灵观点。耶稣和使徒公开承认污鬼的存在，并显明对付污鬼的办法。他们提供的疗法是很戏剧化，也是很有力的。

当我再次带着这些新经历的亮光研读福音书时，我以前的服事开始显得肤浅。我看到主对耶利米时代先知所下的评语，心里不免忧伤。耶 6：14 说：**"他们轻轻忽忽地医治我百姓的损伤，说，平安了。平安了。其实没有平安。"**

以前，对来寻求辅导的人，我无法识别他们问题的本质是受邪灵的搅扰，而只光对付一些外表的举止问题。结果，一些明显的胜利也只是不完全的暂时的胜利。太多时候，他们都没有真正的属灵长进，我们就好像西乃山下的以色列人，在同一座山周围绕来绕去，而不能走上通往神所赐应许之地的大道。

保罗在谈到他的事奉时说："**我斗拳不像打空气的。**"（林前 9：26）我看出自己以前常像是缺乏技巧的拳击手，不断出手，却总击不中对手的身子。我的讲道，祷告都没有解决邪灵折磨我所服事对象的问题。终于，我开始改变了，在短短的几个星期内，神把我的事工转到一个新层面上，使得绝望中的人们几乎每天都来找我。我试着按耶稣的模式去帮助他们，也常常按照新约的记载评估我的进展。比如，在耶稣对付污鬼的时候，他们显然央求耶稣不要做一些事情，如 **"不要吩咐他们到无底坑里去"**（路 8：31）。但是却没有记载过他们抵挡祂或拒绝服从祂的事，而在我的经历中，却有一些邪灵同时公开抵挡我，如在伊丝特的例子中；我相信他们是想要使我害怕，好叫我不催逼他们出来。

我认识到我的权柄来自耶稣，但是并不和祂的权柄同属一个层次。然而，我学会只要我不间断地引用经文，奉主的名宣告主的得胜，邪灵就会被降服。从伊丝特，露丝，莎伦的例子中带出一个特别的神学问题，就是能与邪灵对话多少才比较适宜？耶稣服事时最明显的模式记在路 8：27－33**"耶稣上了岸，就有城里一个被鬼附着的人，迎面而来，这个人许久不穿衣服，不住房子，只住在坟茔里。他见了耶稣，就俯伏在他面前，大声喊叫，说，至高神的儿子耶稣，我与你有什么相干。求你不要叫我受苦。是因耶稣曾吩咐污鬼从那人身上出来。原来这鬼屡次抓住他，他常被人看守，又被铁链和脚镣捆锁，他竟把锁链挣断，被鬼赶到旷**

野去。耶稣问他说，你名叫什么。他说，我名叫群。这是因为附着他的鬼多。鬼就央求耶稣，不要吩咐他们到无底坑里去。那里有一大群猪，在山上吃食。鬼央求耶稣，准他们进入猪里去。耶稣准了他们。鬼就从那人出来，进入猪里去。于是那群猪闯下山崖，投在湖里淹死了。"

路加的记载说明了几个要点，耶稣一开始就命令这个污鬼从那人身上出来。然后，这人或这人里面的污鬼不但开口说话，而且向耶稣大声喊叫。接着耶稣问那鬼："你名叫什么？"那鬼回答说："我名叫群。""群"这个数字单位一般指 4600 到 6000 名士兵，显然这人身上有许多的污鬼。再来是这些污鬼央求耶稣不要吩咐他们到无底坑里去，可能不同的污鬼都有很多话要说呢！耶稣显然没有阻止他们发言。最后，污鬼开始讨价还价说："如果我们真要出去的话，请让我们进入猪里去。"耶稣准了他们。

让污鬼进到猪里面之后，那二千多头猪全都投到湖里淹死了。令人惊讶的是，一个人里面竟存有那么多污鬼，会叫二千多头猪在湖里淹死！我一面思想着这段记载，一面做了这两个结论。第一，问污鬼："你名叫什么？"是符合圣经的，有时也是必要的。第二，如果污鬼对答了，我们有必要对应牠们的话，直到他们被迫承认耶稣基督的权柄，从受害者身上出来为止。自那以后，我学会了一点：知道污鬼的名字，是为自己提供一个"把手"，可以促使污鬼降服于我。打个比喻。如果一条狗想伤害我们，但我们知道了它的名字，以权威的口吻叫狗的名字是叫牠降服的第一步。

我又想，为什么耶稣会允许这些污鬼进到猪里面去。也许这是一条他们乐意选择的路，如果他们从那人身上被赶出来，而又不允许他们进到另一种受害者身上，他们可能会强硬挣扎，那人会受不了这么大的压力而死亡。耶稣所说所做的一切，都是为了达到一个实际的目的，就是要把污鬼从那人身上赶出去。这个例子不能被当作任意与污鬼交谈的借口。我后来也意识到，尤其要注意从污鬼那里寻求启示是完全错误的，也是极端危险的，神已将圣灵赐给我们，作我们的全备教师和启示者，圣灵是真理的灵，而撒旦却是撒谎的灵。所以，从撒旦那里求启示是不尊重圣灵，并使自己极易受骗。

在这头几个星期里，神赐给了我很深的同情心，怜悯那些被鬼附的人。我开始注重问题表面以下，看上去是纯属身体或纯心理的问题，开始辨别邪灵势力的隐晦活动。能帮助那些我以前无法领会真实需求的人，是很令人兴奋的事。神开始让我深深为祂那么多的子民仍受邪灵捆绑而愤怒无比。

在耶稣释放一个受病魔压抑而弯曲 18 年的妇人以后，那些宗教领袖向祂挑战，因为祂没有守他们设下的安息日规条。耶稣愤愤地回答说：**"况且这女人本是亚伯拉罕的后裔，被撒但捆绑了这十八年，不当在安息日解开她的绑吗？"**（路 13：16）我看到这里便回应到："阿门，主啊，她应当得释放！那些千万个受污鬼捆绑，被折磨的你的子民也当得释放！"

第 9 章
事工扩展中的功课

在我与利迪亚忙于帮助前来释放的人时，会众也正忙于讨论在莎伦身上所发生的事。有些人对所得的胜利高声欢呼，其余的人却是又惊慌又恐惧，不知所措。于是，我报告说，我会在周日的圣经课程就这个题目作系统的教导。

约有一百人来参加学习，我客观地从新约着手，看有关污鬼的记载，并特别指出如何分辨，对付污鬼。但是，在我要作结束祷告时，在座的人开始抗议。他们说 :“你不能就此停止聚会！我们需要帮助。”我问 :“多少人需要帮助？请把手举起来。”当 50 多人举起来时，我面临一个危机。我回忆起一对一事奉时所遭遇的激烈争战，我又怎能面对 50 个人的需要呢？就在这时候，我突然领受了一个灵感。我想起很多次传福音时有十到二十个人来到前面悔改，我从来就没有想像过救他们是我的责任。每次我只要带他们作祷告，每个人就与那偎倚可以救他们的救主耶稣联络上了。多年来，借着这个简单的方法，我看到数以百计的人接受救恩。

我想到，这个独一的救主基督也是独一的拯救者，只有祂能在人们的生命中破除邪灵权势的捆绑。所以，我应当能以同样的方式引他们到拯救者那里。

于是，我就叫那些举手的人到前面，并叫其余的人留下来祷告。然后，我向那些想得释放的人解释他们需要直接与基督相连结，并向他们列出四个需要具备的条件 :

1. **确信自己已经悔改，就是转离所有的罪。**

2. **单单仰望耶稣；唯有祂是拯救者。**

3. 把求告的根基放在耶稣在十字架上代死所成就的好处之上，而不要放在自己的"好行为"上。

4. 饶恕所有伤害，得罪过自己的人，把这行为当作是一种意志上的决定。

最后，我提醒他们，我自己得释放时所得的应许，就是珥2：32："凡求告耶和华名的就必得救。"我也附加了一句说："奉耶稣的名，你们有权柄把这些邪灵从自己身上赶出去。"我带领他们一步一步地作简单的祷告，包括他们需要具备的条件，并这样结束道："主耶稣，现在我弃绝任何已经辖制我的邪灵，并且抓住你拯救我的应许。奉主耶稣的圣名祷告。"

然后，在他们开始接受释放时，我为他们作了一个合一的祷告。随后的15分钟很生动，有尖叫的，哭泣的，咳嗽的，发颤的。有些人躺在地上，而其他人却没有什么外在表现可证明内在发生的事情。等一切平静下来之后，我问他们有多少人觉得自己已得释放，约百分之七十的人举起手，剩下的百分之三十还需要进一步的个别帮助。我叫那些得到帮助的人散会，我和利迪亚尽力帮助留下来的人，大部分情形下，我们只是和他们站在一起，鼓励他们坚持下去，直到得着释放，并不断用耶稣的名对付敌人，我们也给他们适当的经文运用。但有些人显然不具备所列出的各项条件。

我必须强调，其中最大的障碍是无法饶恕那些曾伤害，得罪他们的人。从这次经历中，我学会一个极重要的原则：关键并不是我们有没有权柄，而在于那些释放的人是否已具备神的条件，因耶稣对门徒的应许从来没有改变。主耶稣在路10：19说："我已经给你们权柄，可以践踏蛇和蝎子，又胜过仇敌一切的能力，断没有什么能害你们。"所不同的只是接受帮助之人的回应。当人们符合了圣经的要求时，释放就随之而来。

然而，完全的释放可能不是即时的，而是渐进的，因人们需要时间去认识他们生命中受到邪灵影响，侵害的各个领域。时常，有些人的背景中存留着咒诅的阴影，这可能是代代遗传的咒诅或参与邪术所带来的咒诅（我已在我所著的"你可以选择祝福或咒诅"一书中详述。我也会在本书第 21 章有进一步的说明）。

异议

从那第一次的公开事奉经历中，我意识到释放的事工不是用来测试我个人的权柄，而是要帮助那些极需要帮助之人的一个手段。自那以后，我就不断强调神的条件，以激励人们作出正确的回应。

那次主日的经历是我事工的一个转折点。当我发现大部分的人经过适当的指示，可以集体领受释放，我就不再限定于一对一的事奉了。其实，我发觉一百人为了一个目的的聚集在一起，其合起来的信心通常大过个别的信心。在我掌握这个原则之后，主开始为我开道路，让我能在更大范围内行出来。到了 1964 年，我终于辞退牧师一职，凭信心迈步作巡回圣经讲员，把教导和释放事工并列起来事奉。

主一开始就跟我说得很清楚，他不要我成为所谓的释放"专家"。我明白使人从魔鬼手中得释放，只是福音信息的一个不可分割的部分，而不是只为专家保留的不寻常事物。我的榜样是耶稣。在可 1:39，耶稣**"于是在加利利全地，进了会堂，传道赶鬼。"**显然，耶稣在传道中随时预备赶鬼，如果祂没有做到，就无法满足一些人的需要，而祂的事工也会不尽完全。

当神为我一一打开大门，我开始在美国的基督徒之间变得小有名声。有些人极力反对伴随释放时常有的喧闹场面，而其他的人则发出紧急的信息向我求助，求救声大过批评声。

我还清楚记得一个早期的经历。那是 1965 年，我应邀前往一个国际性的全备福音大会作讲员，地点在美国芝加哥的康拉德希尔顿饭店。有一天，我在圣经课程中教导六百人关于从邪灵中得释放的训练。结束前，我问在座的有多少人认为他们需要得释放，至少有两百人举手。我看了看他们，暗暗地作了个感恩祷告，感谢神事先教导我集体释放的原则。当这些人走到台前时，我作了相同的指示，告诉他们要符合神的条件。然后，我带他们一步一步地祷告，跟其他类似的聚会大同小异。最后，我告诉他们在我为他们作集体祷告的同时，他们要个别向神呼求得释放。接下来的场面可以说是一片混乱：在邪灵一一出来时，有两，三个人倒在地上乱滚，挣扎；有些妇人大声尖叫，也有一些人跑出会场，回到自己的家里，他们声称，只要我讲道，他们就不回来了。

这次聚会引起很多激烈的批评。但在过后的八年内，我常常在美国各地遇到一些人来告诉我说："我在 1965 年希尔顿饭店的那次聚会中得着了释放。"

有些人反对我的释放事工，原因是我做的没有耶稣做的那么有效。他们会引用太 8：16 的话，试图暗示我，耶稣事奉没有引起那么多吵闹，混乱的场面。他们说："耶稣只用一句话，就把鬼都赶出去。并且治好了一切有病的人。"事实上，这并不正确，我已在第三章说明了。同一本福音书中，有其他经节描写一些场合也兼有吵闹声和混乱的场面。此外，马太记载了耶稣不但赶鬼，而且还**"治好了一切有病的人"**。跟其他传道人一样，我也为病人祷告，但并没有看到他们全都得医治。然而，我却想不起来有人就此攻击我，说我没有像耶稣治病那样有效。那么，为什么人们单单在我对付邪灵的方面攻击我呢？

我也知道我的教导比不上耶稣的教导，但是，却没有人就此批评过我，或者建议我因此就得停止教导。而且，有些批评我做释放的人，当时也是讲员。我相信他们也会承认自己的教导不及耶稣。但是，这好像并未使他们产生放弃教导的念头。所以，我又再一次自问：为什么批评单单针对释放的事工呢？我想原因有二。

第一，因为撒旦小心捍卫地邪灵的王国。几世纪以来，他在基督徒的意念中设立一个障碍，使我们害怕，又使我们迷信无知，叫我们既不承认圣经真理，也不承认所经历的事实。

第二个原因是，基督教会历代以来，为神的家立下了一系列"合乎体统"的行为规范。很多时候，这会使人的罪和受邪灵压制这类的事实没有存在的余地。有些只是去做礼拜的人，会因赶鬼时所伴随的吵闹，混乱的场面而产生反感。他们宁可要端庄，而不要释放。

回头看耶稣的事工，我能发觉有下类情形发生：好几次污鬼尖叫或向祂喊叫；打断祂的讲道；在出来前使人重重地抽风；叫人倒在地上，翻来覆去，口中流抹；使二千多头猪投到湖里。但是，耶稣从来没有受惊，也没有压抑这些彰显，祂只是把这当作祂在地上事工的一部分。

渐渐地，我认识到超自然彰显有三个可能的来源：一是圣灵，二是邪灵，三是不受驾驭的肉体。对每一种彰显，我们应当有恰当的回应。如果有些彰显是来自圣灵，我们就应当承认祂，让祂在我们当中运行。如果是从邪灵而来，我们就应当站稳立场抵挡地，把牠赶走；如果它们来自肉体。我们应当对肉体加以节制，使身体降服。

最好的解决方式，是不要强求聚会有没有混乱场面，这会超过耶稣立下的模式。再者，这样会忽视一个事实：在主耶稣的事工中，圣灵的膏抹迫使污鬼显现出来。今天，同样的膏抹会产生同样的结果，如果污鬼从未显现，就没有机会把他们赶出来。他们会潜伏在人生命中，肆无忌惮地对人作毁灭性的伤害，若有选择的余地，他们宁可受"控制"，而不愿被赶出来。

同时，我也体会到，有时我比较迟钝，不能立刻辨明一些彰显的源头，容忍肉体的软弱，光把这些问题视为属灵的原由，而没有正确对待。历年来，我相信，也开始对这些问题愈来愈敏锐。

但并非所有的批评都有敌意。有些朋友对我说："叶光明，赶鬼是可以的，但你不必在大庭广众之下做，会干扰太多的人。"这看来很合理，但我觉得在我做事的方式之前，应当进一步学习耶稣，看看他是不是常在私下对付污鬼。令我惊讶的是，我在福音书上看到耶稣的事工中，没有一个比赶鬼更经常，更持久，更公开化的。我没有看过有例子说明祂曾把一个人带到一边，私下把鬼赶出的。祂这方面的事奉比其他任何事奉都更引起公众的注目，显然，祂没有因为受害者会当众受窘而延误祂的释放工作，我因而决定，我不应当对耶稣的方式擅加更改！

其他的功课

释放事工给我生命中带来最深，最持久的影响是：它使我对十字架有了更新的认识。我从经历中发现，我们对付邪灵的权柄源于耶稣的宝血，受死和大获全胜的复活。撒旦攻击全人类的主要武器是罪疚感，这也是为什么牠是 **"控告者我们弟兄的"** (启 12：10)。牠也不断提醒神，我们都触犯了神公义的律法，所以，牠很乐意我们不求神的怜悯，而只受神的审判。

但是，耶稣为我受死代赎，**"又涂抹了在律例上所写，攻击我们有碍于我们的字据，把它撤去，钉在十字架上。既将一切执政的掌权的掳来，明显给众人看，就仗着十字架夸胜。"** (西 2：14 - 15)。这样，主就把撒旦攻击我们的主要武器——罪疚，除去了。因此，我们就 **"称义"**，**"得与神和好了"** 了 (罗 5：11)。称义就意味着基督的义我们也成为义，不再有罪的记录，不再有什么能令我们内疚了。其实，我们每一个人都已交付天上的法庭，判下来的裁决是："无罪！"只有在这个基础上，我们才有权行使耶稣给我们对付邪灵的权柄。

在多次经历与邪灵对抗后，我意识到他们对宗教术语一点也不惧怕，他们嘲笑宗派标语或教会地位，但是，当我们奉耶稣的名大胆引用圣经经文，宣告他在十字架上得胜，以及我们因信主而得的无暇的公义，这时邪灵的无礼，恶魔就会随即消失，并表现出他们这种邪灵的卑鄙举止。这样，我们就印证了启 12:11 的话：**"弟兄胜过它，是因羔羊的血，和自己所见证的道。他们虽至于死，也不爱惜性命。"** 好几次我从受害者的发抖，可以看出邪灵表现出的畏惧。这就是为什么雅各说：**"鬼魔也信，却是战惊。"** 又有时候，邪灵使受害人用手捂住双耳，以免听到耶稣在十字架上得胜的大胆宣告。因为十字架是释放的唯一根基，但对邪灵却是一种折磨。

在这事工的早期，神让我看到另一个真理，就是悔改的重要性，被鬼附的人继续犯罪时可能说："我没有责任，是邪灵叫我做的！我别扭自制。"他们这样只是暗示自己无罪，因而不需要悔改。但在徒 17：30，保罗对雅典人说："**世人蒙昧无知的时候，神并不监察，如今却吩咐各处的人都要悔改。**"这里说"各处的人"就说明没有任何地方的人是例外的，神要求每一个都要悔改。我们普遍要悔改的原因，是我们都屈服于从亚当那里遗留下来的叛逆本性，成了抵挡神的叛逆者。我们只有放弃叛逆并悔改，才能与神和好，这就是悔改的真正本质。这不光是情感上的事，也是意志上的行为。但是，每个人不单都犯了普遍叛逆的罪，还都加上自己个别的罪行和己意。其实有时候这一系列的错误选择和行为，会导致人们到一个无法抗拒邪灵压力的地步，而不得不犯罪。他们确实是被迫去做的，然而他们仍要为自己做的坏事负责任，是这些坏事给他们招致这种在恶势力面前无能为力的景况，所以，他们仍然需要悔改。我发现释放有两个障碍：一是不悔改，二是不饶恕别人，不愿放弃苦毒。人们一旦除去这两个问题，我就可以靠着耶稣加给我的权柄，把邪灵从他们身上赶出去。但是我也应当首先确立自己的权威范围。

比如说，我听见有人赶鬼时说，把他们赶逐到地狱里去。这种做法符合圣经吗？新约并没有记载耶稣把鬼赶到地狱里的例证。在对付加大拉人被鬼附的例子中（太 8：28 – 32），耶稣答应了污鬼的央求，允许他们进入猪群里。但是他没有作更厉害的处罚。先前，污鬼向耶稣说："**神的儿子，我们与你有什么相干。时候还没有到，你就上这里来叫我们受苦吗？**"（太 8：29）显然，，污鬼已经知道神永恒计划中有一个特定时间，是用来最后惩罚污鬼的，但是在此之前，他们可以继续目前的活动，耶稣依据父神的旨意，没有超越界限。

国际性事工

在我宣告神教导我的释放真理之后，我在这方面教导的录音带，开始在美国和其他国家广传开来。1967 年，我受邀去纽西兰举办在美国之外的第一次公开释放大会。之后再度到纽西兰时，我还不断遇到基督徒仍然谈论那次得释放的聚会。

其中最难忘的是 1984 年的一次聚会,那是在中非赞比亚北角的一个遥远乡村。约有七千人参加一个由我主领的教导性大会。会场是一个相当于美式足球场大小的大会堂,讲台四围被缓坡围绕着。矮树丛都被清除干净,但大树木仍然存留,可以提供隐蔽。这样一个露天大教堂,阳光从树梢间不时洒落进来。场内四处坐满了人,男女老少都有,且有哺乳的母亲和年幼的孩子,会场拥挤得一点空位都没有。我看出这是一步一步带领他们察看神救赎计划的一个极好机会,可以帮助他们从罪和撒旦的奴役下走出来,**"得享神儿女自由的荣耀"**(罗 8:21)。我的第一篇讲章谈到十字架是一次就做成的全备牺牲,可以满足历代各族之人所有的需要。当我邀请人们悔改时,许多人回应了,并且得着救恩。然后,我教导他们怎样从咒诅进到祝福。我解释道,耶稣在十字架上**"为我们成了咒诅"**,使我们可以继承**"亚伯拉罕的福"**,因神的一切的事上都祝福了他(加 3:13-14)。非洲人很容易意识到咒诅的存在,而且甚是害怕。于是,我就带领他们作了释放的祷告,在座的几乎每一个都加入祷告的行列 (详见第 21 章)。

在我讲完后,一个衣着整齐的人来到我面前,跪倒在地上,并在我脚前土中蜷缩一团,说:"真谢谢你,真谢谢你。我一生中没有一天身子不痛的。今天,我的身体生平第一次不痛。"第三天,我教导他们如何分辨邪灵的活动,并且从中得释放。最后,我带领他们集体作释放的祷告。接下来的场面可以说是和戏剧化的。当地的非洲人是狩猎高手,巫婆教导他们,一旦狩猎成功,他们就要引动物之灵开始显现出来,顿时会场充满森林中的怪叫声。在前排一个有狮子之灵的男人企图向我扑上来,但另一个人把他拌了一下,在他抓到我之前倒在地上。另有一些人,男女都有,趴在地上像公猪一样用鼻子扒土。更有一些妇人肚皮贴地,像蛇一样在地上蜿蜒滑行。另有个男人顺着斜坡像一根厚木头似地向入口处滚去。这场合下,没有暴力发生是很令人惊讶的。协助的同工们嘴上不离耶稣的名。约一小时以后,吵闹声消退了,接下来那种超自然的平静,使人相信大部分的人都已经得着了释放。

第四天我所讲的主题,是圣灵的洗和如何领受圣灵的洗。我在领他们祷告后,几千人开始同时说起方言,那是很令人敬畏的!

然后，最后一天，我教他们怎么样操练圣灵所赐的方言恩赐，并带领他们个别操练这恩赐，结果印证了保罗在哥前 14：31 中所说的：**"因为你们都可以一个一个地作先知讲道，叫众人学道理，叫众人得劝勉。"** 赞比亚的聚会，在很多方面都是神对我在释放领域教导的最高境界。释放本身不是终极目的，但是是基督徒生命进入完全的一个重要阶段。少了这一阶段，有些基督徒永远无法完全进到耶稣为他们预备的丰盛中。自尚比亚的聚会以后，我在其他一些国家主领好几次类似的教导性集会，包括俄罗斯，哈萨克，土耳其，波兰。每到一处，我就教导人们如何分辨，赶逐污鬼，然后总是经历圣灵的大能和恩赐大大降临。因为这些公开聚会的压力，也因为神带我来到一个新领域，要求我着重于写作事工。我已很少做个别辅导了。从印刷出来的文字，我可以帮助更多的人，比一对一的帮助要有效得多。在下一章，我要跟你分享我在帮助别人时学到的一些亲身体验的重要功课。

第 10 章
一些持续的个人争战

在第四，五章，我写到自己曾经与忧伤挣扎，以及骄傲使我不肯向会众承认我曾需要从邪灵手中得释放。而且我一直以为，一个人要帮助别人得释放，自己身上不能有邪灵。但是，我知道因信耶稣而得救的人，不需要等自己成了一个完美的基督徒以后，才去为救恩作见证，或引导别人去为主而事奉。其实，一个新信主的基督徒的火热见证，通常最能使别人得释放，比精于神学的"老基督徒"要强很多。因为他们从个人经历中知道耶稣的名和神话语的大能，并且他们也能认同别人的挣扎。相反的，神学知识常会形成障碍，而不是带来帮助。参与释放事工的人一定要情愿"下水"，直接与撒旦王国的代表对抗。

参与释放事工的最基本要求，记录在可 16：17 耶稣自己说的话："**信的人必有神迹随着他们，就是奉我的名赶鬼。说新方言。**"耶稣只列下一个要求：只要信他的名，他的话就可以了。这适用于为别人或为自己赶鬼。

诊断别人的问题，并帮助他们得释放，这反而帮助我认识自己的问题，并加以对付。我很快学会两个重要的原则。第一，有很多（也许是大部分）邪灵的问题开始始于孩提时代。第二，如果一个人不断受邪灵搅扰，或有难以解释的问题，一般根源总是出于巫术。在这种情况下，要得到完全的释放，首先需要找出问题的根源，作适当的处理。

这两个原则都适用于我自己的问题。我出身于印度，双亲是英国人，他们都是挂名的基督徒，我生命的头五年是在印度度过的。根据当时英国上层社会的既定习惯，我母亲很快就把我交给奶妈抚育。我的奶妈是一个印度人，她无疑给我带来早期生命中最强烈的灵界影响力。我不记得她到底做了些什么事。但是，后来在我进入儿童时期，我常意识到一种恶势力在跟随我的脚步。

那股黑暗势力一直在我年少时跟随我。到了十几岁，我对印度会有一种奇妙的想法，认为印度是深奥智慧的泉源，比西方物质主义文化较高一个层次。在剑桥大学就学的几年，我学瑜珈，并切望信奉瑜珈，如果当时像今天一样交通发达，我无疑会进入作印度宗教领袖的大门。我在剑桥大学主攻希腊哲学，特别是柏拉图哲学。我那时崇拜的两个英雄是苏格拉底和柏拉图。然后在第二次世界大战期间，我超自然地遇到耶稣基督（参第四章），这次相遇彻底改变了我的人生旅程。从那时起，我成了一个执着的圣经学生。但是，我的很多思维活动仍然受柏拉图的影响，并保存他的一些著作作为参考书。在我进一步认清人们招致邪灵附身的途径时，我看出我对苏格拉底和柏拉图的恋慕，使我的个性易受邪灵侵害。苏格拉底本人认同邪灵在他生命中的影响，他被刑罚服毒草药，在他临死前，他对同僚说的最后一句话是："我们欠医神一双公鸡。"他是在叫人替他向异教医神献一双公鸡为祭。

尽管苏格拉底在文学界备受尊崇，他的行为却使他与一个在巫术仪式上献公鸡为祭的人等同。偶像崇拜就是偶像崇拜，即使是用典雅的古希腊文表达也还是一样。

我也意识到同类的邪术影响充斥了柏拉图的著作，他是我崇拜的另一个英雄。在他最后一篇的主要对话中，他实际承认说："我们没有从神那里得到启示。"所以，他转向埃及及邪术著作，寻求有关宇宙奥秘的启示。在我帮助前来寻求释放的人时，我不时观察到参与邪术和严重忧郁症之间的密切关联。我开始意识到，这也许是我早年在牧会时与忧郁症苦战的主要原因。1970 年的一天，我看到申 7：26 说："**可憎的物，你不可带进家去。不然，你就成了当毁灭的，与那物一样。你要十分厌恶，十分憎嫌，因为这是当毁灭的物。**"我边在家中踱步，边默想这节经文，顿时，我意识到自己拥有好几样"**可憎之物**"。

于是，我作了一个决定，坚信这决定对我未来的人生，事工起了重要的作用；我当时决定不再拥有任何不荣耀耶稣基督的东西或任何能让邪灵侵入的东西。我立刻着手处理掉一系列家中留传下来的东西，包括四样古玩，精美的中国皇家龙刺绣，一整套花色齐全的，带龙的中国古玩。我也扔掉一个带有精美阿拉伯书法的东西，有些无疑是荣耀穆罕默德和回教之神阿拉的。我也清楚我的图书室，包括柏拉图的书，以及一切荣耀邪术的书，然后扔掉一系列在我迷恋印度时看的诗集。这为我周围的灵界气氛带来戏剧性的改变，就像是从黄昏到天明的感受。我实在为许多基督徒担忧，他们对神强烈憎恶邪术的道理认得很迟钝。在我们的生命中，容忍任何形式的邪术影响，都会招致邪灵势力威胁我们的属灵沙漠生命。

我还记得有一个名叫"迷惑"的电视连续剧，它给我家带来极大的邪术影响。表面看来这只是娱乐，似乎不会有害。在意识到这种电视剧的诱惑之后，我也警告其他基督徒要提防这样的危险，不要让此类的影响进入我们的心思，灵魂中。三十年以后的今天，邪术节目充斥电视荧幕，以致对家庭造成毁灭性的影响。今日电脑的网络也是一样，或甚至电影，录影带，玩具，以及其他儿童娱乐器具都有此类的威胁。

恐惧中的挣扎

我从邪灵中得释放是一个渐进的过程，这也许是因为我的原生家庭和文化，本身就带有邪术背景。我仍不时求主释放我，其中一个不断攻击我的仇敌就是惧怕的灵，这是从儿童时代开始的。在一些特定的场合，我会被惧怕控制住，胃会紧缩，身体也开始僵硬，有时还会脸色发白。我会凭着意志自制，保持外表的平静，叫人无法看到我内在的挣扎。我清楚记得，第一次经历这种恐惧的情形。我当时九岁，坐在一辆车的后坐。当时车子快速地下坡，我整个身体顿时紧张起来。突然，一阵刺痛的感觉从我脚下上升，直到胸口处。我们没有发生车祸，但是一个惧怕的灵进到我里面。我得救并在圣灵里受洗之后，这类惧怕的攻击少多了，却没有完全停止。一旦进入释放，我知道该怎么做，只要呼求主名，他就会使我自由。但是，不知怎地，我无法立刻保持得释放。在我身体上，情绪上软弱时，我的灵性防卫减弱；惧怕的灵就又会冷不防地攻击。一旦意识到牠的出现，我就会立刻呼求主而获得释放。一开始我不知道自己为什么有这样持续的挣扎，然后，我看到圣经中神的许多仆人也不断与惧怕争斗。我想到大卫这位大能的勇士，他是以色列大军的元帅，跟神有很亲密的关系，但是他却有许多的惧怕。例如，在诗 34：4，大卫说：**"我曾寻求耶和华，他就应允我，救我脱离了一切的恐惧。"** 我反复思考 **"一切的恐惧"** 这话，而后我开始考虑不同的害怕：怕黑，怕高，怕人，怕失败，怕生病，怕死，怕小空间禁闭，怕空旷，怕不知原由，这样继续列下去会很长，每一种惧怕对患者都很实在，令人很痛苦。我也想到保罗对他在马其顿遇到困难的描写。他不但承认外在压力，也受到内在困苦的煎熬。哥后 7：5 中，保罗说：**"我们从前就是到了马其顿的时候，身体也不得安宁，周围遭患难，外有争战，内有惧怕。"** 我不敢把自己跟大卫，保罗相比，他们都是神最勇敢的仆人。但是，既然他们也与惧怕争战，我不应当因为自己有这样的挣扎，就把自己看作是失败的。最后我终于学会了怎么样对付这种攻击。今天，一旦意识到那个熟悉的惧怕症状出现，我就引用提后 1：7：**"因为神赐给我们，不是胆怯的心，乃是刚强，仁爱，谨守的心。"** **"谨守"** 要求自我约束。我靠着这一节经文抗拒惧怕的灵，如此，我就得胜了。惧怕的灵只能从外面攻击我，却再也不能进来。

基要的属灵争战

这类似的经历促使我重新思考基督徒生活的概念。我永远感激那些在 1941 年领我信主的基督徒，我尊重他们坚决受圣经是神默示的，满有权威的神的话语。但是在我学习圣经，遇到基督徒面对的困难时，我意识到他们特定的教义是基于人的传统，而不是圣经。例如，他们常将基督徒生活简化，认为你只要得救，重生，在水里受洗，在灵里受洗，有方言作外在证据，那么你就不会再有其他问题了。尽管人们没有公开称之为教义，但这是他们内在的想法。不幸的是，这并不与基督徒生活的实质相称。

我与主同行多年，可以和许多人一起见证，只有在经历圣灵的洗之后才真正认识到属灵的问题，才开始领受试炼，压迫，属灵争战的全面意义。但是，这不应当使我们灰心。我们只需要看耶稣本人的模式。在圣灵临到祂之后，他以弥赛亚受膏者的身份正式开始地上的事工。紧接下来的经历，就是四十天在旷野与撒旦面对面地激烈争战。路4：1说："**耶稣被圣灵充满**"之后，就进入到争战中。但是，祂成功地战胜了撒旦，并且在试炼后，"**满有圣灵的能力**"（路4：14），开始祂公开的服事。圣灵的全备能力，只在耶稣一对一战胜撒旦之后，才完全释放出来。耶稣的模式应当是我们每个人效法的榜样。神把圣灵的能力赐给我们，是要看我们个人对抗撒旦时得胜的程度而定。耶稣经历四十天的试探，结果是完全的胜利。尽管我们的胜利永远也达不到耶稣所达到的水准，但是我们必须以耶稣为我们的榜样。如果我们想得到圣灵的能力，就得经历与撒旦的争战。这一类的属灵争战不是失败的证据，而是成功事奉的基要条件。

说到这里，我想起我的前妻利迪亚，她现在已回到主那里去了。我是1940年时，在当时的巴勒斯坦国认识她的。她是我所遇到的一位最大胆，在主里最委身的基督徒。她在丹麦是一名很成功的教师而且家境富裕，但她却放下这一切的优裕环境，服从神的呼召，在对神的预备一无所知的情况下来到耶路撒冷。1928年她收养了一个生命垂危的女婴，经过她细心的照料，这女婴活了下来。在随后的二十年内，利迪亚尽管生活在一个妇人社会地位低下的文化中，她却为没有父母的女孩们撑起了一个大家庭。在那些日子，她面对暴动的恐惧，土匪的抢劫，经济缺乏，生活条件低劣，加上犹太人，回教徒的双重压力，但是她从来没有动摇过。不论压力有多大，她一直保持这种得胜的生活，包括在战后的伦敦和东非的宣教基地，或与我作巡回旅行事奉，一直到她在1975年过世为止。

但是，她生命中有一段经历很令我吃惊。1970年，她和我一起让上百个人得释放，我们在其中亲眼看到极大的胜利。在一次特别成功的聚会之后，我们回到大会为我们安排的寓所时，但利迪亚却拒绝搭乘电梯，她情愿自己爬四层楼的楼梯。我问她原因，她回答我说："我在电梯里感到不舒服。"深谈了一会儿，她才说出五岁时发生在丹麦家乡的一件事。有一天她在姨妈家楼下的大衣柜里玩耍，姨妈走过来，看衣柜门闭着，就顺手关上，并插上门闩，利迪亚一时间意识到自己像个囚犯被锁在黑洞里，她顿时变得歇斯底里，开始一边尖叫，一边猛击柜门。她姨妈赶紧过来救她，但就在那短短的一瞬间，幽闭恐惧的灵显然已进到利迪亚身体里。一旦找出问题的根源，认识到是惧怕的灵在搅扰，我们就一起为之祷告。她获得了彻底的释放，从此再也惧怕搭乘电梯了。我们两人都很惊讶，在利迪亚帮助这么多人的得释放后，自己竟然也要得释放。但是，这经历使我对圣灵引导又有了新的认识。那就是，在圣灵提醒我们时，我们一定要随即回应，不管是否符合我们的神学观！如果利迪亚那天晚上没和我做那个祷告，她也许永远不能在这方面得胜，所以我不再因成熟的基督徒与邪灵争战而震惊。我也学会在一些病症中找出邪灵的活动。有时我会喉咙哑，感冒，鼻窦炎，若祷告求医治没有明显的好转，我就得忍受一，两个星期的折磨，病痛才好转。然而，有一天我读到耶稣进西门的家，看到彼得的岳母发高烧的那一段经文："**耶稣站在她旁边，斥责那热病，热就退了。她立刻起来服事他们。**"（路 4:39）为什么耶稣要斥责热病呢？显然她看出那热病不是纯粹身体的疾病。之后当我遇到发烧感冒时，我决定顺从耶稣的榜样，把它当作邪灵去抵挡，就得到有力的释放。那原来要一，二个星期才好的毛病，竟在 24 小时就痊愈了。现在，只要经历任何毛病或疼痛，我会考虑可能背后有邪灵的活动。如果诊断正确，全然的释放会随之而来。如果毛病是出于自然的身体状况，我就祷告求医治，然后等候神的回应。当神作明确的指示时，我也很感激医生和医药的帮助。

但是另一方面，如果要说所有的疾病都是邪灵造成的，就未免荒唐了。有些是，有些不是，这就有必要学会培养分辨的能力，使我们能认清哪些疾病是由邪灵造成的，哪些不是。希伯来书的作者提供了一个培养这能力的钥匙："**惟独长大成人的，才能吃**

干粮，他们的心窍，习练得通达，就能分辨好歹了。"（来 5：14）
这里有两个要求：

第一，我们需要吃干粮，就是神借全本圣经赐给我们的启示。完全认识圣经是非常重要的。

第二，我们必须练习分辨。它不会光凭圣经知识和理论就自然临到，也不是只有在分辨邪灵活动时才用到，必须要在每一个环境下操练我们的属灵感官。

神选择的时刻

1994 年我有一个很奇怪的经历。当时我和一组代祷者正在静候神，突然我的双手就不经大脑支配伸到空中了，身体不禁连续抽动几下。一开始我很尴尬，心想别人会怎么看我？然后，我对自己说：什么更重要呢？是人的想法，还是神的作为呢？我决定顺服神（其实当时大部分人都在默想神，根本没注意到我）。这样的抽动持续几分钟，然后我放松下来，身体也没了力气，于是我知道自己是从邪灵手中得释放了。僵硬这个词来到我脑海里，然后，神启示我这个灵是怎样进到我身子里的。

1915 年，我出生的那一年，印度当地的医疗设备相当简陋。在我 18 个月大时，医生检查我的双腿长短不一，就把我的一条腿放在夹板上长达好几个月，并要求我母亲叫我只可以仰卧。结果，我身体的某些部分变得僵硬，不能做一些正常的动作。在相隔八十年期间，我从神那里经历了一系列的祝福，包括得救，受圣灵洗，得奇妙医治，操练不同属灵恩赐。但是那僵硬的灵没有离开我，直到那时神作了超自然的介入，把这灵暴露出来，并赶了出去。自那以后，我开始经历新的活动并得着自由。和利迪亚一样，我的第二任妻子——路得，也一直积极和我参与帮助别人从邪灵手中得释放。但是她的生活也不是完全没有邪灵的搅扰，我们学会仰望神，让祂以其至高大能，在神自己选定的时间揭开邪灵的活动。大约十年前的某个早晨，我们和往常一样坐在床上读圣经。这时，路得突然开始说起她身为犹太人所经历到的一些权势，提到她的思维受到犹太文化中人文主义的巨大影响。她说："我不知道人文主义是不是一种灵。"当路得弃绝那灵，命令牠离开时，全身开始发颤。我若没有拉住她，她会摔出床外。在那灵被赶出去后，路得恢复了身体反应。正如前面提到，人文主义的根源出自希腊哲学，这是撒旦控制今日世界的一个强大的势力，并且至终为抵挡基督而开启大门。从这个经历和其他经历中，我渐渐意识到我们正处于争战之中。我们赢得的争战愈多，就愈能学会辨别撒旦的诡计，如此就愈接近耶稣在十字架上为我们获得的胜利。这里，我可以用保罗在腓 3：12 中的话，来总结我学到的功课：**"这不是说，我已经得着了，已经完全了。我乃是竭力追求，或者可以得着基督耶稣所以得着我的。"**

第三部分
七个问题

我已在引言部分指出，邪灵的主题常会引起人们迷信般的恐惧。

基督徒有时候所持的态度是："如果我不去招惹邪灵，他们也不会来惹我。"可惜的是，事情并非如此。邪灵不会不来惹你，你是基督徒这个事实本身并不能保护你，相反的，邪灵把基督徒当作主要的攻击对象。因此，你最后的保护，是发掘圣经对邪灵本性和活动的启示，然后就能支取神预备的保护。因为你相信基督时就已拥有神的保护。就邪灵的活动，我发现人们常问到以下六个问题：

什么是邪灵？

- 是肉体还是邪灵？

- 邪灵是怎么样进入人体的？

- 今天仍有巫术活动吗？

- 基督徒需要从邪灵手中得释放吗？

- 圣灵会住在不洁的器皿里吗？

我对以上的每个问题提供一个答案，是基于圣经和我个人多年观察，经历而来的。这会帮助你清除许多常有的误会，并为你作好预备。因为在第四部分，你会实际学习对付邪灵。在第14，16及17章，有一些见证是基督徒对付邪灵的经历。

第 11 章
什么是邪灵？

但人们开始意识到邪灵真实存在时，就会自然而然地问这两个问题：他们是什么样的生物？他们的来历是什么？什么样的生物？我称邪灵是一种没有身体的灵，极其渴望占据有形的躯体。显然他们的第一个选择是人体；但是为了不要飘浮不定，他们也情愿进入动物的体内（参路 8：32-33）。我们很难想像没有躯体的人会是怎么样的。然而，即使邪灵没有躯体，牠们都有很正常的性格，包括：

1. 意志。

2. 情感。

3. 智能。

4. 自我意识。

5. 说话能力。

意志：

太 12：44 记载了一个邪灵离开人体之后说："**于是说，我要回到我所出来的屋里去。到了，就看见里面空闲，打扫干净，修饰好了。**"这个鬼用意志作一个决定，并紧接着按这个决定作出随即的行动。

情感：

雅 2：19 说："**你信神只有一位，你信的不错。鬼也信，却是战惊。**""战惊"是一种强烈情感的外在记号。前面已经提过，有时我会看到一个被邪灵附身的人，在面对基督权柄时开始发作得厉害，这是身体里面邪灵害怕的外在显现。

智能：

邪灵拥有非正常管道而来的知识。可 1：24 记载，耶稣第一次在迦百农会堂遇到一个被鬼附的人，那鬼从人口中说："**拿撒勒人耶稣，我们与你有什么相干，你来灭我们吗？我知道你是谁，乃是神的圣者。**"耶稣的门徒要在一年之后才认识到这一点，而这个污鬼已于第一次遇见耶稣时就认出来了。

自我意识：

当耶稣问格拉森乡村那个被鬼附的人"你名叫什么？"时，可 5：9 记载了一个鬼代表自己和其他鬼的回答说："**我名叫群，因为我们多的缘故。**"那鬼知道自己的身份，又知道附在那人身上的其他鬼的身份。

说话能力：

在四本福音书和使徒行传中，我们看到好几个例子说明邪灵可以借被附着的人说话，这表现在回答所问的问题和对话上。通常我们把邪灵能说话当作是有位格的明显标记。

再看第二个问题：

邪灵的出处

我听过有关邪灵出处的理论有两种：

1.　他们是参与撒旦背叛神的一些堕落天使。

2.　他们是亚当被造之前就存有的无体之灵，后来受到神的审判，圣经没有就此作详细的记载。

我不认为圣经提供足够的证据，证明这两个理论能否成立。但是，根据我本人的经历，我不认为邪灵是堕落天使。我认为，即使是堕落的天使，他们在天空中仍然有住处，因以弗所书 6：

12 说："**因我们并不是与属血气的争战，乃是与那些执政的，掌权的，管辖这幽暗世界的，以及天空属灵气的恶魔争战。（两争战原文都作摔跤）**"当然，他们不是住在神所住的"第三层天上"哥后 12：24 提到第三层天上去；"**我认得这人，或在身内，或在身外，我都不知道。只有神知道。他被提到乐园里，听见隐秘的言语，是人不可说的。**"

所以，认定天使不断在地上停留，是不符合圣经的。而邪灵却正好相反，他们是属地的生物。我所面对过的邪灵都有多样个性的特点，有些恶毒，强暴，有超自然的力气，有的则是软弱，胆怯，甚至荒唐可笑。这些软弱的特点不应当表现在天使身上，即使他们是堕落的天使。让我来举一个例子：一个妇人曾来要我把她丈夫身上的邪灵赶出去。我和她一起祷告了一会儿，他表现出暴力倾向，这时他妻子把我拉到一边说："他在家里用椅子扔我。"我自言自语说："为什么她叫我为他祷告之前不告诉我呢？"于是我决定下次一定不让这种事重蹈覆辙。

我又继续为这人祷告一会儿，好像是那人身上的最后一个鬼说："我不洁净。"我并不想当面提问题，让这男人在妻子面前出洋相，就简单地说："你这胡思乱想的邪灵，从这人身上出来。"我觉得用一个委婉的措词比较不太使人尴尬，但那鬼却回答说"那不是我的名字"我说："不管那是不是你的名字，我不在乎，我奉主耶稣的名命令你出来。"最后那鬼还是出来了，尽管直到最后他还在申辩："那不是我的名字。"我的主观看法是：没有任何的天使会有这样的举止，即使是堕落天使。古希腊文可能会告诉我们一些邪灵的本性，例如：哲学家苏格拉底承认他的一些行为受到灵界影响，这灵不会告诉他正面的事，或他该做什么，而是警告他负面的事，或要求他不应该做什么。曾经有一次，一些人在市场等候苏格拉底，准备攻击他，那灵就警告他那天不要去市场。若用我们的术语，我们可能会把这灵归纳为占卜之灵的工作。但是，如果说苏格拉底受堕落天使的指示，就不符合希腊人的思维方式了。

我很难相信任何天使都会强烈想要占有人体，如果不能占据人体的话，兽体也可以，连猪体都可以，只有邪灵才会这样做。显然，对天使来说，那是牢笼之地，没有天使的自主。的确，撒旦是为了达到引诱亚当，夏娃这个特殊目的而暂时以蛇的形态来到他们面前，但圣经后来明确地指出撒旦并未一直占有那蛇的身体。此外，路 22：34 记载说：**"这时，撒但入了那称为加略人犹大的心，他本是十二门徒里的一个，他去和祭司长并守殿官商量，怎么可以把耶稣交给他们。"** 但这不足以说明撒旦自己进到犹大身体里去了。

路 13:11 说，耶稣看到 **"有一个女人，被鬼附着病了十八年。腰弯得一点直不起来。"**，于是就把那疾病的鬼魔赶了出去，一就直起腰来了。第 16 节记载了耶稣的评论：**"况且这女人本是亚伯拉罕的后裔，被撒但捆绑了这十八年，不当在安息日解开她的绑吗？"** 这女人实际上是受了疾病这个鬼魔的捆绑，而这鬼是撒旦直接控制的，所以耶稣说撒旦捆绑了她。同样地，在促使犹大出卖耶稣的事例上，撒旦是借一种鬼魔进入犹大而促成这事的（这鬼也许是贪婪的鬼，因为犹大显然是出于爱钱才出卖耶稣的）。或者，即使是撒旦亲自进到犹大里面，这也只能说是类似诱惑亚当，夏娃时所采取的行动。牠当时以蛇的形态出现只不过是一会儿的工夫，事实上，撒旦的总部和长期居所仍然是在"天上"。

从天上来还是属于地上？

我已在第二章指出，希腊原文的污鬼是以一个主要的词"daimon"演变过来的。"daimon"又是什么呢？希腊神话可以给我们一个部面图，它描写两个主要等次的"诸神"住在"天上"。那高等次的叫"theo"，那低一等次的叫做"daimon"。

"daimon"的一个特别功用，显然是公开承认高一等次的"诸神"为他们的指定的命运。而更低一层的，是在地上操作的灵，也就是邪灵，他们受高层的"诸神"控制，指挥。他们是一层层的从属关系，一个服从一个。最上一层的可以译成"诸神"，最下一层的是"邪灵"，而中间一层的就是"daimon"。

很可能，那在天上的两个等次的"诸神"，与保罗在弗 6：12 中所说的**"执政的，掌权的"**相对应。显然两者都居住在"天空"中。相反的，新约却表明邪灵是属地上的，从来没有什么地方说明邪灵来往于"天空"。太 12：43 – 44 中，耶稣描写污鬼的活动为：**"污鬼离了人身，就在无水之地，过来过去，寻求安歇之处，却寻不着。于是说，我要回到我所出来的屋里去。到了，就看见里面空闲，打扫干净，修饰好了。"**这里没有提到污鬼有来往于"天空的领域去"，希腊文也只表示是在地上层面的走动。

以上所说的三个等次的撒旦差役，他们联合起来不断与人类争战。在撒旦的控制下，他们联合起来攻击人类，给人类带来不同形式的伤害，欺骗和折磨。让我们来假设一下：在亚当之前有一个族类过着放荡罪恶的生活，于是邪灵占有他们的身体的灵。但是，今天他们不再能够做他们在原来身体内可做的坏事。所以他们也许为了寻求发泄淫欲与情绪，就附在人体上。这也许可以解释邪灵的一个最大特性：特别渴求进入人体内操纵别人。

我们应当记住，圣经只记载了亚当以来的人类历史，因此圣经用"亚当的子孙"来形容人，耶稣就是为了拯救这个族类而降世为**"末后的亚当"**（参林前 15：45）。圣经并未明显阐述，在亚当之前是否有过其他族类存在。庞伯在所作的书"地上最早的年日"中，有针对这个问题的讨论。我认为这个邪灵起源的理论可能成立。但是，我不认为有必要再追究。申 29:29 说有些事是**"隐秘的事是属耶和华我们神的。惟有明显的事是永远属我们和我们子孙的，好叫我们遵行这律法上的一切话。"**去探究神的隐秘未免有点不明智。也许以上两种有关邪灵起源的理论都不正确，他们既不是堕落的天使，也不是人类以前的族类所传下来的无体之灵。但是，认识邪灵可以实际帮助我们对付邪灵。我对抗过许多不同种类的邪灵，却从未认为我是在对付天使。反之，在代祷和属灵争战中，我确实接触过一些属撒旦的天使，用保罗在弗 6：

12 中的话拉表达最为恰当了："**因我们并不是与属血气的争战，乃是与那些执政的，掌权的，管辖这幽暗世界的，以及天空属灵气的恶魔争战。**（两争战原文都作摔跤）"新约没有描写耶稣或他的门徒与污鬼"争战"，相反的，正如本书第三章所说的，他们正视污鬼，并用必要的权柄将污鬼赶出去。

圣经中提及的邪灵

邪灵以许多不同的名称显现自己，下面列出一些圣经中用来形容邪灵的具体名称：

旧约：

- 疑恨，疑恨的心（民 5：14，30）

- 诡诈（士 9：23）

- 恶魔（撒上 16：1423；18：10；19：9）

- 谎言的灵（王上 22：22；代下 18：2022）

- 谬误的灵（赛 19：14）

- 沉睡的灵（赛 29：10）

- 忧伤的灵（赛 61：3）

- 淫心（何 4：12；5：4）

- 污秽的灵（亚 13：2）

新约：

- 哑巴鬼（可 9：17）

- 聋哑的鬼（可 9：25）

- 污鬼（徒 16：16）

- 诱人的邪灵和鬼魔（提前 4：1）

- 胆怯的心（提后 1：7）

- 乖谬的灵（约一 4：6）

其他邪灵

除了圣经列出的邪灵名称之外，我加上一些我个人对抗过的一些邪灵名称：

人体的疾病：包括关节炎，气喘病，癌症，跛脚，瘫痪，头痛，周期性偏头痛，鼻窦炎，血栓。

其他一般性领域行淫，手淫，性反常行为，批评，嫉妒，失望，流言飞语，忌恨，叛逆，暴力，谋杀，压力，敬虔的外表，邪术，幻想，被弃。

以上所列出的绝不是全部，但可以说明邪灵活动的变换。撒旦显然操纵了大批的邪灵对人类发动攻击并缠磨人类。接下来我们要看七个问题中的第二个问题。

第 12 章
是肉体还是邪灵？

从一开始，人悖逆神转离神的那时起，人就受控于两大灵界的邪恶：罪和邪灵。罪的影响是普遍的，又全面性的。**"因为世人都犯了罪，亏缺了神的荣耀。"**（罗 3:23）罪玷污了人类每个性格的各种领域。这个被罪败坏的人性，在新约中称为**"我们的旧人"**（罗 6:6），**"肉体"**（加 5：24）。"旧人"是指每个人从祖先亚当那里继承而来的叛逆本性。亚当在背叛神之前没有生养过孩子，所以，亚当的每一个后裔都有一个叛逆的本性。"肉体"这个词并不是指我们的外在形体，而是指每个人在出生时继承而来的败坏本性。

为了方便起见，旧人和肉体可以互换着用，都用来形容我们败坏，堕落的本性。尽管罪的问题是普遍的，但邪灵的问题却不是。堕落的人类有许多人受邪灵权势辖管，但不是所有的人。然而罪和邪灵确实有着密切的关系，如果人类从来没有犯过罪，我们就永远也不会轻易受邪灵攻击了。一个生物学家曾这样解释道："人体经常受癌细胞攻击。在人体健康的时候，它的免疫系统会识别这些癌细胞并攻破它们，使它们不能伤害人体。但是，当人体因疾病或感情受刺激而衰弱时，免疫系统就不能有效地运作，癌症就可能在体内形成。"我立刻自言自语说：邪灵也正是这样见缝插针的！邪灵会不断地找机会侵害人，但是当一个人在灵里完全健康时，他里面的属灵"免疫系统"就会识别邪灵的企图并加以抵挡，邪灵就无法乘隙攻击人。反之，任何形式的不健康或感情脆弱，都会使一个人易受邪灵攻击。

治疗法

属灵领域跟物质领域一样，正确的诊断很重要，所以，在处理我们自己的问题或别人的问题时，认识问题的真相是关键。是肉体在做怪，还是邪灵在做怪呢？这个问题很重要，因为治疗法大不相同。对付肉体的方法是钉十字架。因着耶稣在十字架上的代死，祂除去罪对我们肉体本性的辖制，罗 6：6 保罗说出了这样一个事实："**我们的旧人和他同钉十字架**"但是，每个人还是要用十字架来对付肉身的本性。所以，保罗在加 5：24 中说："**凡属基督耶稣的人，是已经把肉体，连肉体的邪情私欲，同钉在十字架上了。**"一旦我们如此运用之后，就可以呼应保罗在加 2：20 中说的话了："**我已经与基督同钉十字架。现在活着的，不再是我，乃是基督在我里面活着。并且我如今在肉身活着，是因信神的儿子而活，他是爱我，为我舍己。**"十字架就这样成了我们对付肉体的疗法，每个人都要切实加以应用。反之，从耶稣的事工可见，对付邪灵的办法是把他们赶出去。这两个方法不可以互换，我们不可能赶走肉体，也不可能把邪灵钉在十字架上。本书第四章曾说到，当我与忧郁之灵对抗时，我意识到自己正是犯了这个错误，我把对付肉身的方法用在对付邪灵上。我应当赶逐那邪灵，而不是把他钉在十字架上。一旦我认出问题的真相，对症下药，我就得了释放。我也遇到过一个相反的经历，就是有人把对付邪灵的办法用在对付肉体上了。有一次有人对我说："叶弟兄，我想请你为我赶鬼。"我问他说："这鬼怎么样干扰你呢？"他回答说："我就是无法跟妻子相处，我们之间没有相合之处。"我仔细听他诉说他们之间的不和，以及对他们两人生活的影响，最后我说："我不认为你有邪灵要赶逐。你所需要的是用十字架来对付你的肉体。"显然，他对这个答案不甚满意，他把从邪灵中得释放当作一个急救法来取代钉肉体的艰巨任务。钉十字架是真正属于基督之人的明显标记，神不在乎我们是不是教会成员或是属于哪一个教派，他想要看到我们是不是把自己救的属肉体的生活方式钉死在十字架。钉十字架总是很痛苦的。但是，这是进入新生命的途径。

旧人和新人

即使我们把十字架应用于生命中的之后得到彻底的改变，我们仍然要保持个人的节制，使"旧人"完全顺服。西 3：3 说："**因为**

你们已经死了，你们的生命与基督一同藏在神里面。"但在第 5 节他说："所以要治死你们在地上的肢体。就如淫乱，污秽，邪情，恶欲，和贪婪，贪婪就与拜偶像一样。"我们每个人都有责任不断治死"旧我"。但是，即使是把"旧我"治死，也不是整个程序的最后阶段。在那以后，我们必须要做到"**并且穿上新人。这新人是照着神的形像造的，有真理的仁义，和圣洁。**"（弗 4：24）。耶稣在十字架上的代死给我们带来一个替换，就是我们的"旧人"与他同钉十字架，使我们得着"新人"，开始一个全新的生命。正如一个完全健康的人体对癌细胞有免疫功能一样，在基督里的新人对邪灵的活动有免疫力。但是，大多数基督徒还没有达到完全属灵健康的境界。从我个人有限的经历中，我不得不说很少见过有基督徒不轻易被邪灵活动攻击的。我要再次借用诊断与治疗癌症的例子。既然大多数人无法完全对癌细胞有免疫力，那么科学家们就有必要做研究，医生也有必要掌握所有的资讯，使他们能诊断癌症，并做适当的治疗。同样地，基督徒也必须尽量学会认识邪灵的本性和活动。这样的认识对所有的信徒都很重要，因为没有人可以说自己完全对邪灵的攻击有免疫力。并且，这一点对牧师，传道人，和其他帮助别人的基督工人就更加重要了。正如本书第 5 章讲的。没有这方面的知识，就不能做出正确的诊断。提供适当的疗法，也就不能真正地帮助别人。没有识别的探针，就不能有效地使用释放的钳子（前面已说明我会在第 4 部分提供诊断，对付邪灵活动的实用准则）。现在来看 7 个问题中的第 3 大问题。

第 13 章
邪灵进入人体的方式

50 年代时，我在伦敦与一个基督徒医学专家同工一段时间。这位弟兄对属灵经历的各个领域有非同凡响的见识。他做过一个结论，使我一直牢记在心，他说："记住，魔鬼总选择软弱的时候，最虚弱的地方加以攻击。"在回答第 3 个问题时，我会应用这个原则看邪灵的活动：究竟邪灵是如何进入的呢？因为受限于篇幅，我无法从各方面作全面的解释，只能简单地列举 7 个例子，说明邪灵如何侵入人性的软弱：

1.　参与秘术和虚假宗教的家庭背景。

2.　胎儿期其他方面的消极影响。

3.　孩提时期承认的种种压力。

4.　情感上受震惊或持续的情感压力。

5.　不道德的举止与习惯。

6，按手

7. 闲话

让我们来一一看这些导致邪灵入侵的渠道。

参与秘术和虚假宗教的家庭背景。

在出 20：35，神警告人们参与拜偶像或虚假宗教的恶果："除了我以外，你不可有别的神。不可为自己雕刻偶像，也不可作什么形像仿佛上天，下地，和地底下，水中的百物。不可跪拜那些像，也不可事奉它，因为我耶和华你的神是忌邪的神。恨我的，我必追讨他的罪，自父及子，直到三四代。"

神警告各种拜偶像参与拜假神的后果，这种罪的恶果会祸及三四代，因此往回数四代，有四代祖先的行为会影响后代子孙：包括父母两位，曾祖父母八位，高曾祖父母 16 位，一共有三十位。这三十位祖先中的任一位或每一位，都有可能成为我们受撒旦势力影响的管道。我不相信有任何人能保证其三十位祖先从未参与任何形式的秘术或虚假宗教活动。这种邪教影响可以始于胎儿期，有谁比尚未出生的胎儿更软弱，更无助呢？胎儿只能完全受双亲的保护。公义，敬畏神的父母会提供这方面的保护，但有邪教背景的父母，就会使婴孩暴露在同样的属灵权势影响之下。我发现这样的婴孩在出母腹之前常常已被邪灵附着，尤其是有东方宗教背景的人更是如此，包括印度教，佛教，或其他虚假宗教，如共济会，摩门教等。我会在下一章进一步详细说明秘术的领域。

胎儿期其他方面的消极影响

其他消极影响也会发生在一个没有出生的胎儿身上，使他受邪灵的影响。作母亲的可能怨恨，甚至憎恶腹中的婴孩；可能是这个母亲未婚，或胎儿的父亲不忠，不负责任，或者这个母亲不想要孩子。一个婴儿不管在出生前后，他最渴望的是爱。当他感受不到爱时，就会开始觉得自己是多余的，这会使他受更深的创始，有被弃感，许多婴儿生下来就有弃绝的灵在他们里面。在美国，我一度遇到在某种年龄层的大多数人都被弃感。他们的年龄相似，当我核对他们的出生日期时，发觉他们大多出生于 1929 年到 1934 年期间，这是年长一点的美国人都记得的大萧条期间。当时作母亲的可能已经难以糊口了，她们怨恨需要喂饱另一个人，因此可能开口说出怨恨的话。也许没有说出但心里怨恨，但是胎中幼小的个体是很敏锐的，他已会察觉到，并在出生时就带有被弃绝的灵在身上，这只是许多邪灵中会影响胎儿的一种。我的妻子路得就是一个典型的例子。她出生于 1930 年，是家中第 8 个孩子，父母是农场主人，在大萧条期间，他们的经济很拮据，居住的地带遭受旱灾，使那地成为长期干旱的干燥地带。当我们 1978 年结婚时，路得已经在事奉主了，但是，她还是不断与弃绝之灵争战，直到我们辨别出邪灵的本相，才把祂赶出去。一直到现在她仍要谨防，以免让自己在软弱时再受攻击。

孩提时期承受的种种压力

雅 3：16 警告我们说：**"在何有嫉妒分争，就在何处有扰乱，和各样的坏事。"** 如果一个家庭破裂，父母彼此存有苦毒，矛盾，也很少有时间给孩子，这样的家庭很容易使邪灵在当中从事猖狂的活动。许多青少年缺乏情感上，属灵上的防卫，以致无法抵挡邪灵的压制。正如前面提到的，大部分受邪灵附身的问题始于孩童时代。假如作父亲的酗酒，残酷，暴力，在这种家庭背景中生长的女孩们会在成年后憎恨男人，尤其如果做父亲的在性方面玷污女儿。折磨这类孩子的其他邪灵包括拒绝，怒气，害怕，忧愁，孤独，消沉，甚至自杀。西方青少年的自杀率快速飙升，从 1952 年到 1992 年，美国青少年的自杀率增加近三倍。1992 年死于自杀的青少年多过死于癌症，心脏病，爱滋病，天生残障，中风，肺炎，流行性感冒，及慢性肺病等的总和。据我的诊断，这些青年人多数因有弃绝的邪灵而招惹自杀的灵来侵害他们。

情感上受震惊或持续的情感压力

彼前 3：6 中，使徒彼得解释说，基督徒女性**"若行善，不因恐吓而害怕。"**，就配作撒拉的女儿了。翻成"恐吓"的这个希腊文有广泛的含义，一种辞典把它译成"任何激烈的情感；性激动"，另一种解释可作主动"恐吓"或被动"受惊"。女性在情感上通常比男性软弱，她们特别容易受惊害怕。我曾为一个妇人祷告，她告诉我，害怕的灵进到她身上，是因为有一次她目睹了一场展现在众人面前的可怕的事故。

一个可怕的谋杀案，或汽车被炸毁，办公大楼爆炸等，不仅让受害人留下不可磨灭的印象，而且也影响在电视机前看到现场报道的男女老少。男性和女性也一样受制于各种情感上的压力。例如，男女都受制于激烈的性冲动，不假思索地屈服于这样的激情，常常可能为色情的灵打开大门。纵欲于性幻想或看色情书，影片，可能导致同样的结果。有时候在性方面受侵害的孩子或青年人也会不自觉地为色情的灵开门。邪灵并不尊重"清白的人"，只会利用人的软弱时刻闯入，从那一刻起，那个孩子或年轻人就受制于色情的压力，这原不是他（或她）性格的一部分。但通常不是因为突然的一阵感情冲动而为邪灵开门，却可能是长期未发泄的压力造成的。

一个非因本身因素的缘故而失业数月的男人，会因此开始为无法供应自己和家人而担忧。灰心的灵会在很多方面影响他：妻子的一些不悦或孩子稍有不顺从的举止，都会使他突然大发脾气，因而为发怒的灵打开大门。也可能是连续一段时间无所事事所带来的压力，使他受制于消沉，无望等类的幽暗之灵。

同样地，一个长期受丈夫贬仰，冷落的妇人，最终会屈服于无望的灵。或者一个母亲过于保护子女，为想象中的危险而过分担心，这样就会给孩子带来焦虑的灵。这灵会闯入孩子心里，在里面占据下来。显然有许多不同情感上的震惊或压力，会使人屈从于邪灵的攻击。但是，以上这几个例子，能使你认识到这类邪灵的攻击，帮助你建立防卫系统来抵抗他们的攻击。

不道德的举止与习惯

有时个别决定的行为会给邪灵敞开大门，犹大出卖耶稣的决定就是一例。当他心里存有这意念时，就离开了最后晚餐的饭桌："**这时，撒但入了那称为加略人犹大的心，他本是十二门徒里的一个，**"（路22：3）犹大为自己打开这个大门，后来连他自己也无法关闭。即使比犹大的举止还轻的行为，也会为邪灵打开大门。我有一个朋友叫唐恩·巴珊，他生前曾为一个妇人祷告，让她脱离淫乱的灵。当他命令这邪灵从她身上出去时，那鬼回答说："她请我进来的！"巴珊就问他说："她什么时候请你的？"那鬼回答说："是她上次看色情影片的时候。"那妇人必须悔改，求神赦免，之后那鬼才能被赶出来。我们应当记住，撒旦是一个法律专家。当我们的一些不道德行为给邪灵开路以后，那鬼是不会轻易离开的，除非我们先承认己过，让神赦罪的恩典除去罪，之后我们才能彻底得释放。凡是任意妄为的举止都会为邪灵打开大门。许多这样的举止都会遭此结果，如随口撒谎，顺手牵羊，考试作弊等。当然也许不是一次的行为，也许是习惯性的，因不断蓄意一犯再犯而养成的。有些隐秘的罪，如长期手淫（自慰），未婚同居，看色情书报影片等，几乎都难免会为邪灵开路。但是，其他较"文明"的习惯也会带来邪灵侵入的后果：长期暴饮暴食会为贪食的邪灵开路，一再做白日梦会为狂想的灵开门，讲话时习惯性的夸张会为撒谎的灵开路。

按手

按手在一个人身上为他祷告，并不只是一个形象化的宗教仪式，而是一个有力的属灵经历，导致两个灵短暂地交接，从而释放超自然的大能。这能力可能对人有利，也可能有害。可能从圣灵发出，也可能从邪灵发出，取决于能力的泉源。为此，保罗立下一些保护措施："**给人行按手的礼，不可急促。不要在别人的罪上有分。要保守自己清洁。**"（提前 5：22）也就是说，你要小心知道自己的灵与谁相交！

行按手之礼应当庄重，需经慎重的祷告。参与的人应当确保不要

在别人的罪上有份，正像保罗所讲的那样。随便叫一组人彼此互相按手祷告是错误的。以下是内人路得的一个小小见证，印证其中的危险："1971 年，我去参加一个灵恩派聚会，讲员要求需要祷告求医的人站起来。我当时患有重感冒，所以我站了起来。然后讲员要求站在周围的人按手在我身上，为我祷告求医治，于是又 4，5 个人为我祷告。第 2 天一早起来，感冒的确好转了，但我的每个手指却弯曲，僵硬，疼痛无比。我立刻想到，昨晚一个患有风湿病的人为我按手！我弃绝风湿病的灵，于是 5 分钟之内所有症状都消去了。我当时刚信主不到一年，我很感激神那时就教我小心提防谁为我按手。"

闲话

很多人在这方面都谨慎提防，但是耶稣却为此严肃地向我们发出警告：**"我又告诉你们，凡人所说的闲话，当审判的日子，必要句句供出来。因为要凭你的话定你为义，也要凭你的话，定你有罪。"**（太 12：36 – 37）

什么是"闲话"呢？就是不假思索脱口而出的话，这些话不能真正表达我的真实意念动机。当人们质问这样的话时，我们常会找借口说："这不是我的本意。"或"我只是开玩笑而已。"好像这样就可以使我们推卸责任，但是耶稣正式警告我们要提防这样的闲话。很多基督徒都惯于说闲话，但这并不减缓这事的严重性。其实，凡以为耶稣这番警告不重要的人，真的需要悔改。闲话会为邪灵开门，但人们常因一时的恼怒而说："我累得快病倒了。"其实他并未将这话当真，却可能为病魔或疲累的邪灵开启门户。涉及死亡的话尤其危险，人们常常会说："我差一点笑死了。"或"你听了这话一定快乐死了！"死是一个黑暗，邪恶的势力，轻言妄语对待他是很愚蠢的。人在悲伤或失意时常会说："我真想死了算了。"或"我死了更好"这样的话是直接向死亡的灵发出邀请。我帮助过成百个人，他们曾一度因为不慎口舌而使自己招惹死亡的灵侵入（第 21 章会更多提到死亡的灵）

立耶稣为主

以上 7 个例子可以证明，我们和子女们可能有邪灵侵入的途径。我们也需牢记，邪灵很顽固，他可能已被赶出，但会再度侵入。太 12：43-45 说**"污鬼离了人身，就在无水之地，过来过去，寻求安歇之处，却寻不着。于是说，我要回到我所出来的屋里去。到了，就看见里面空闲，打扫干净，修饰好了。"**那污鬼又回到他所出来的屋子，这表达那人被污鬼附过，回来发现里面**"空闲，打扫干净，修饰好了"**，便去另带来 7 个比自己更恶的鬼来，与他们一起再度进去住宅那里，那**"屋里"**是在什么景况为那鬼再度打开方便之门呢？那屋里**"打扫干净"**，这不成问题，**"修饰好**

了"，也不成问题，但里面却是"空闲"，那才是问题的所在！那人让自己的屋子空闲着，他从未将耶稣当作自己的主。当一个人把自己委身让耶稣作个人的主时，他可以仰望耶稣，求得超自然的能力，使邪灵无法进入。但如果他没有让耶稣作主，他就没有能力守住自己的屋子。当邪灵侵犯他时，他很快就无法抵挡而失败。然而，当邪灵再度进入时，牠另带来 7 个更恶毒鬼，这人的景况就比先前更糟了。让我用一个鲜活的例子来说明。60 年代时，我照常和利迪亚开车在美国各地巡回布道，有时候这意味着 2，3 天的旅程。晚上当我们驶入一个城里，我们都会寻找有"空房"字样的霓虹灯招牌。看到这招牌，我们就知道有旅馆可以接待我们了。这属灵领域里，撒旦的喽啰四处游行，寻找相同的"空房"字样。他们一看到就会对自己说："啊！这里有一个还没有让耶稣做他生命的主，也许我们可以钻进去住。"保护措施只有一个，就是保证耶稣在你生命中各个部分作主。这本章一开始，我解释了参与邪术的家庭背景会给邪灵开路。下一章会全面来看秘术这个领域，特别强调任何形式的直接参与，会带来更大的危害。

第 14 章
什么是秘术

邪灵进入人类的主要管道就是秘术。如果我们不认识秘术对人类的普遍影响，就不可能有效对付邪灵。每个人都内心都有接触未知，以及对更大能力的深切渴望，这对各种层次的人都是同样真切的，包括看星座图的十八岁女孩，一些从未见过白人的遥远部落里的巫医，和探索外星太空，寻觅宇宙奥秘的科学家。神把这一切渴望放在我们里面，但是神的主要对敌——撒旦却设置了一种方式，使追求的人陷入他邪恶的骗局，从而使人被牠捆绑。这些骗局与多种表现形式，可以总称为秘术，这就为我们带来第 4 个有关邪灵领域的常问问题：

什么是秘术？

"秘术"这个词引自拉丁文的一个字，字义是"隐秘的"或"遮盖"。各种秘术的操作能力都源于撒旦，是邪恶的，但大部分的人都不知道这一点，他们受崇高的标题或主张的诱惑。这对我很真实，因为我有亲身经历。我在第 10 章曾提过，我曾对印度有关的各种事物都很感兴趣，而且念剑桥大学期间还真的想要成为一个信奉瑜伽的人。但是，不管我多么努力，也从未达到所渴望得着的释放或满足。借着神的恩典，这无法解释的渴望，终于在我超自然地遇到神的儿子耶稣时才得到满足。圣经称转离独一真神，偏向假神的行为是：属灵的行淫。所以，圣经对不道德，犯奸淫的严重警告，也适用于参与所有形式的秘术。箴言中描绘的"外女"，"淫妇"，很生动地说明了秘术诱惑力。箴言 5：6 警告我们，不要行她走的路，因为"**她的路变换不定**"。这也适用于秘术，或假宗教之兴起。所以，我不准备列出所有秘术活动的清单，但要指出它们的活动方式。真理是抵制谬误的最好防线。箴言 7：25 - 27"**你的心，不可偏向淫妇的道。不要入她的迷途。因为被**

她伤害仆倒的不少。被她杀戮的而且甚多。她的家是在阴间之路，下到死亡之宫。"这里译成"不少"的也有"壮士"之意。圣经强调受这"外女"之害的是"壮士"，这就说明了这些欺骗势力的主要攻击目标，是具有领导才能的人。撒旦恨恶这种人。当"壮士"把信心放在自己的力气和过往的成功时，就会变得脆弱，易受攻击了。

秘术的两个主要支派

圣经上把秘术的两个主要支派列为占卜和巫术。

占卜：

占卜以超自然的方式提供有关人，事，物的知识，常是预告未来的大事。现代人用以下这类的词表达同一种活动：算命，第 6 感，超能力等。徒 16：16 - 22 中的使女是一个明显的例子，经上记载她被污鬼所附，古希腊文化中巫术与预言未来的占卜，算命术相连，现代人则用精神感应来形容。那使女是腓利比城第 1 个认出保罗，西拉身份的人。第 17 节说"**她跟随保罗和我们，喊着说，这些人是至高神的仆人，对你们传说救人的道。**"她说的话样样真确，但是她的知识是从污鬼而来的。当那鬼被赶出之后，她失去算命的能力，以致她的主人从此就失去得利的指望。这就是为什么算命会是欺骗人，也很危险的原因。一个污鬼在里面的人（通常是女性），会成为知晓过去或未来超自然知识的管道。其中某些的真确性是撒旦邪术的诱饵，为了勾引受害人作他的囚犯和奴隶。算命（占卜）其实是秘术（是隐秘的）。它隐藏撒旦能力的泉源，那些寻求知道未来的人，包括最高政治领袖层面的人，甚至包括自从为是基督徒的人，但是这样的接触不可避免地使他们开启门户给邪灵入侵。

　　下面是一些我个人经验观察中的例证。玛丽听了我的一些教导后，相信她受到邪灵势力的影响。她是一个传统教会的成员，有一天，一个教会中被认为最属灵的老年妇人来到她面前说："让我看看你的手纹。"当玛丽伸出手掌让她看时，那老妇对她说："你会怀孕，但会是死胎"事情正像她所说的那样发生了，玛丽的胎儿出生时因脐带绕颈两圈而无法存活。我相信玛丽因听算命之人的话而犯罪，尽管那人自称是基督徒。她的行为为撒旦势力夺取她胎儿的生命而开路方便之门。玛丽唯有认识到自己已敞露于邪灵的势力以后，她才能求基督代赎所带来的好处，因而得到拯救，但那已不能使她挽回孩子的生命力！究竟有多少基督徒不明不白地因算命而被撒旦缠绕呢？让算命之人预定一个人的人生进程，往往使得那个生命接受撒旦任意妄为的结局。我在第 11 章曾提到过污鬼之上的一层邪恶势力叫 "daimons"，他们是专为指命运的，是撒旦为他们指定的命运。"daimons" 借着这地上运行的污鬼而把这命运传达下去（这就是算命的精髓）。这使我记起一个来求我帮助释放的妇人。她告诉我说，她从前是一个招魂术士，如今已悔改了。祷告一会儿之后，我停下来寻求神的指示。突然那妇人转向我说："我看见你在一辆车里，车撞到树后就死了。"我警惕起来，对自己说："那是邪灵在说话！"于是，我大声说："撒旦，我拒绝你对我生命所定的命运。我绝不会在任何因撞树而毁坏的车里！"30 年过去了，什么事情也没发生。然而，假如我允许惧怕进入我的心，心想有一天我会在一辆撞到树的车里，我就会接受撒旦为我生命立下的命运，并相信他已经把我弄死了。我感谢神，他让我有警觉。

一个年轻的基督徒妇女很失意来找我说，1，2 年之前，她不慎去找一个算命的人，那算命的人对她说："你会年轻守寡。"不久，她丈夫就在一次反常的车祸中身亡。这个年轻妇人倍感罪疚，意识到自己不慎去找算命的而招致丈夫遇到车祸身亡。她拼命求我告诉她，那不是因为她的缘故。我很怜悯她，也竭力安慰她，却无法给她想要的确据。我不能排除一个可能性，就是她自己实际上接受撒旦为她丈夫和自己定下的命运。

我的妻子路得在接受耶稣为她的弥赛亚之前，有过这样的经历：一个朋友告诉她，有关算命的为他预告一些事都应验了，她认为这个能帮助，安慰路得，因当时她正艰辛地单独抚养孩子。

路得在教会中极为活跃，却从未听说过不可算命这件事。这个巫婆从来不认识路得，也对她一无所知，却告诉她三件事说："你无法生育，却领养 3 个孩子，而你丈夫已离弃了你。"3 个说法都很真切。但这启示不是来自神，而是来自撒旦。他企图用这几件事引诱路得进一步陷入秘术中。但耶稣以他的怜悯介入路得的生命中。后来，当她意识到自己的错误之后，路得悔改了，从此彻底取消了撒旦在她身上的权势。

我的前妻利迪亚用一个简单的例子，警告人们撒旦的网罗。她说："你可以给我一杯清水，但是只要你放一滴毒液进去，满杯的水就都中毒了"算命的人不管有什么"启示"，都不值使你的一生受毒害。一些乡村小市集，甚至有些教会，常设算命柜台，只为了"好玩"。但是所有的算命都是有害的，不管它是否有标注。

另一种形式的撒旦活动更为隐秘。我称之为"灵恩派的算命法"。一些牧师，议员在集会中为人个别预言，鼓励基督徒来聚会时期得到"从主来的话语"。无疑地，有些话是从主而来，但是更多是从讲台上人的意志而来，或者甚至来自占卜的灵，这会为被网罗之人的生命带来灾难性的影响。很多人想知道未来的景况，算命便是专为了满足这个愿望。但是，神要求我们**凭信心，不是凭眼见**（林后 5:7），即使不知道未来，总要坚信神不变的信实。虽然如此，神有时会在我们没有求，没有想的时候给我们一些有关未来的超自然启示。当神主动时，结果往往是为了达到神的目的。

另一个网罗是"碟仙盘"，它表面上只是一种游戏。有一回，我在新英格兰一个圣公会教导秘术的本质，然后为许多需要从邪灵手中得释放的人祷告。就在那个主日早晨的聚会快结束时，教区长才开始说，他妻子一大早问他们，家中为什么会有烧焦的味道，他回答："烧碟仙盘！"碟仙盘或其他的秘术活动，如今已渗透到许多的学校体系。有个学校的一些女孩子开始玩碟仙，看看究竟会有什么事发生。有一天，盘板上出现这样一句话："这一周之内，你们之中的一个人会死掉。"果然，那周一个女孩子车祸中身亡，其余的女孩子害怕极了，不知道接下来会有什么事发生。另一个使人受占卜影响的是看星座。这一，两代之前，许多西方报刊每天都会刊登一段圣经经文。如今却每天刊登一些星座信息。不经意地顺带看看"你的"星座，会使你暴露在恶者的影响下。再次说，很多基督徒被蒙蔽，认为这样的事无关紧要，不认为是一种网罗。我曾帮助过一个妇人，她需要从占卜的灵下得释放。她不明白这灵是如何侵入她的。在我询问过她之后，她终于承认曾偶尔在报上看看自己的星座，她很惊讶自己因此为占卜的灵敞开大门。

另一个可能为邪灵开门的活动是武术。路得和我曾帮助过一个在空手道上技术高超的青年男子，在得释放后他惊讶地发现自己不再能做空手道的踢打动作类。他从未意识到自己的能力是来自邪灵。我们应当牢记，所有的武术都是源自一些偶像，邪灵活动猖獗的文化。

巫术：

另一种秘术活动的管道是巫术。巫术可以说是占卜的孪生姐妹，但它有自己特别活动范围，会使用不同的方式危害人体的感官。常用的工具是毒品，麻醉药，符咒，护身符魔术，咒语，妖术，以及种种形式的音乐。说到末后的日子，保罗在提后 3:13 说："**只是作恶的，和迷惑人的，必越久越恶，他欺哄人也被人欺哄。**""迷惑人的"这个词在希腊文的意思就是发咒语的人。许多秘术仪式中普遍使用咒语，这词后来演变为"巫婆"，"男巫"。一些近代音乐，如金属摇滚也属同类，用来作超自然撒旦势力的管道，这与保罗的预言相吻合。这末后期间，秘术权势会大肆嚣张。启示录描写到末世时神的两个审判，有一些人会被杀，随后的结语是这样的："**其余未曾被这些灾所杀的人，仍旧不悔改自己手所作的，还是去拜鬼魔，和那些不能看，不能听，不能走，金，银，铜，木，石，的偶像。又不悔改他们那些凶杀，邪术，奸淫，偷窃的事。**"（启 9：20‐21）这里的"邪术"希腊文就是凶杀，奸淫，偷盗，通常迷恋毒品会为这些罪打开大门。申 18：10-12 写道："**你们中间不**

可有人使儿女经火，也不可有占卜的，观兆的，用法术的，行邪术的，用迷术的，交鬼的，行巫术的，过阴的。凡行这些事的都为耶和华所憎恶。因那些国民行这可憎恶的事，所以耶和华你的神将他们从你面前赶出。"这里除了提到占卜的，用法术的之外，还有行邪术的，包括用符咒。下一章将专门针对邪术作说明。"观兆"也是占卜的一种。最后的三类是"交鬼的，行巫术的，过阴的"，在今天统称为"招魂术"，它们通常的活动形式叫做"降神会"。神说这样的人是可憎恶的。"可憎恶的"这个词在希腊文是用来形容神憎恶，弃绝的最重词句。请注意，神把这类人跟那些向假神献儿女为祭并列。现代文化很难认识神何等憎恶这些秘术活动，没有人能参与其间却不受邪灵侵入。

假宗教

与秘术有紧密关联的是假宗教，通常这两者几乎是密不可分。它们都有吸引人的承诺，如平安，能力，知识，亲近神，而且声称能引人走向光明，实质上却诱惑人走进黑暗。我们应当如何自我保护呢？

约 10：9 "我就是门。凡从我进来的，必然得救，并且出入得草吃。"在 14：6 "耶稣说，我就是道路，真理，生命。若不借着我。没有人能到父那里去。"有许多门可以吸引人进到超自然的领域，但只有一扇门可以走向神超自然的领域。这门就是耶稣。

凡以其他门进入超自然领域的，是进到撒旦的领域里，那不是真神的领域。撒旦会用各种意识形态，如无神论或人文主义来危害人类，然而假宗教则是她手中最强的工具，以致今日大多数人都受到假宗教的奴役。正如各种形式的秘术一样，要列出今日各种形式的假宗教活动几乎不可能。以下是假宗教的一些主要特征：

1. 多神论

2. 拜偶像

3. 教导人最终也可以成为神

4. 教导人可以靠自己的努力成义

5. 向少数特权人物赋予特异知识

1. 多神论

初代教会面临被多神论文化包围的光景，但保罗在哥前 8：56 中界定了基督的立场："虽有称为神的，或在天，或在地。就如那许多的神，许多的主。然而我们只有一位神，就是父，万物都本于他，我们也归于他。并有一位主，就是耶稣基督，万物都是借着他有的，我们也是借着他有的。"

2. 拜偶像

拜偶像是十诫中的第一个罪，这罪会导致最重的惩罚：

除了我以外，你不可有别的神。

不可为自己雕刻偶像，也不可作什么形像仿佛上天，下地，和地底下，水中的百物。

不可跪拜那些像，也不可事奉它，因为我耶和华你的神是忌邪的神。恨我的，我必追讨他的罪，自父及子，直到三四代，　　　　　　　　　　（出 20：3-5）

3. 教导人最终也可以成为神

这是撒旦在伊甸园中向人发出的最初诱惑："你们便如神"（创 3:5）这样的承诺自相矛盾，因神创造了一切，包括人类，但他自己并非受造的。人不可能如神，成为非受造的，被造的永远不能成为非受造的。然而，这个"你们便如神"的承诺，历代以来对人自我抬举的骄傲本性很有感染力。

4. 教导人可以靠自己的努力成义

这教导同样对人的骄傲本性很有吸引力，骄傲的人容易参与这类的宗教体系，要求人做异常的努力，甚至自己增添痛苦。宗教的要求愈强烈，就愈能满足那些达到要求之人的骄傲心理。

5. 向少数特权人物赋予特异知识

要得到这样的知识，通常需先经历一些特别的仪式。早在第一世纪，使徒们已警告随从者不要受这种迷惑，并称之为"似是而非的学问"。保罗曾对提摩太发出警告，谨防这个大错：**"提摩太阿，你要保守所托付你的，躲避世俗的虚谈，和那敌真道似是而非的学问。已经有人自称有这学问，就偏离了真道。愿恩惠常与你们同在。"**（提前 6：20－21）有两种近代的宗教，说明最高机密只可向通过严格初筛的人透露，就是魔门教和共济会。共济会的仪式包括"东方之星"（妇女的入会仪式），彩虹女等；摩门教的大殿仪式只有精选的少数人可以参加，在聚会时外人一律不得进入殿堂。共济会更机密，除了一些少有的公开"正式"露面机会外，对外人一律封闭，参与人要发毒誓谨守机密。反之，基督徒是公开的，不需要特别的引进过程，也没有机密的仪式。其信仰的基础上圣经，圣经是一本公开的书，欢迎每一个人研读。各种形式的假宗教都以种种方式诱惑人的骄傲。福音强调我们因神的恩典而得救，不是赚取来的，而是凭信心领受来的，是神所赐的。这就没有骄傲的余地了。弗 2：89 **"你们得救是本乎恩，也因着信，这并不是出于自己，乃是神所赐的。也不是出于行为，免得有人自夸。"**

　　敬拜真神和各种形式的秘术或虚假宗教之间，有难以跨越的鸿沟。保罗强调邪灵势力充斥虚假宗教，所以基督徒不可以参与：**"我乃是说，外邦人所献的祭，是祭鬼，不是祭神。我不愿意你们与鬼相交。你们不能喝主的杯，又喝鬼的杯。不能吃主的筵席，又吃鬼的筵席。"**（林前 10:20-21）任何参与秘术或虚假宗教的人都必须悔改，承认这种行为是罪，求基督赦免，洁净，释放。此外，与秘术或虚假宗教有关的书，物都应当毁掉。

洁净与自由

以上我们简单地对秘术或虚假宗教的全部领域做了一番介绍，从中可以说明邪术是何等错综复杂，并无简单的方式去定义，描写。我们可以将之比作章鱼有很多脚，抓住猎物就不放，在受害者忙于提防一只脚时，另一只却冷不防地伸过来抓牢他。以下的见证可以说明这一点。见证人是一个出自基督徒家庭的年轻男子，曾受秘术纠缠。最终在了解到邪灵领域的实质后得了释放，成了一个成功的牧师。

"我父母是敬虔的重生基督徒。和旧约中的小撒母耳一样，我在母亲受孕期间就被献给主事奉袖。我的父亲从小就教导我真理的道。四岁时，我就向家人或任何一个愿意听的人讲道。早年时期，我的心对神的事很敏感，每每得罪了神或人时，我都很快就及时祷告，悔改。我亲爱的父母尽其所能教我走神的道路，但他们犯了一个大错，因为他们的传统没有教导他们：参与秘术比触犯传统的"禁令"更严重。让无聊的周日报纸，看电影，酗酒，吸烟是绝对禁止的事，但他们连做梦也没想到，允许我祖母讲鬼故事，会引我走上痛心疾首的 20 年历程。

我第一次听祖母讲故事，是在七岁那一年，从那时起，只有研究秘术才能真正给我快乐。当时有了电视之后，也是那些恐怖奇异片最能抓住我。上了中学后，一个浸信会青年组的领袖让我在万圣节后开始接触侦探小说，其后侦探小说成了我最爱读的书。

我开始频繁发怒。十一岁那年，在一次怒气中，我竟然叫神走出我的生命，不要再管我。我会一周买一只小动物，有时一天一只，把他们折磨死。（我这样做纯粹是出于难以抗拒的冲动，许多年之后我发觉这是巫术的一个组成部分。）奇怪的是，我热爱动物，甚至还想成为一个兽医。当时我会走近基督的工人，告诉他们我恨他们，不论怎么样的言语，纪律管束也不能抑制我。对神，教会，基督徒，学校，任何形式的权柄，以及对父母全然的叛逆与憎恨等，这些主宰着我生命的一部分，而我的另一部分却渴望良善和可爱。终于在二十五岁那年，我接受耶稣为我的救主。即使神的介入已使我重生，我与父母的关系仍然很坏。因为耶稣的缘故，我很爱他们，但是我不能礼貌地对待他们超过一个小时。短暂的融洽之后，就会很快被愤怒压抑下去，我的痛苦会散步给所有在我周围的人。我设法压抑内在的压力，但这些压力却使我酗酒，贪食。我身高五尺七寸半，体重却有 217 磅以上。我真的得救了吗？千真万确！我会花几个小时为失去的灵魂哭泣，背诵经文，做见证，教导主的话，可悲的是，仍然没有人告诉我超觉静坐、碟仙、或一些心理现象的书是信徒不应当接触的，于是我把这些送给浸信会训练班的学生，也在他们的生命中挑起偶像崇拜和行巫术的心理，正如我祖母在我身上挑起这种心理一样。

赞美主，有一次我向一位基督徒谈起邪恶的超觉静坐，他告诉我不可沾染这样的事，圣经对此有所警告。哦，我多么为这位弟兄感谢神！他简单的一句警告，帮助我开始走向释放的路。为了顺服主，我开始停止与撒旦国度的所有接触。这是一个好的开端，但我真正需要的是与撒旦彻底脱离关系，并且从对秘术的兴趣而招致的邪灵下得释放。我怎么知道自己也邪灵附身呢？我停止招惹撒旦，开始顺服神的那一天，我内在的问题与惧怕反倒加深了，愤恨的心理也更加恶化。我开始每天晚上都要幻觉，并在幻觉中极尽所能地羞辱我所爱的耶稣。尽管我婚姻很幸福，却无法控制手淫的怪癖。我最大的忧患，是我有同性恋的倾向。虽然我从来没在这方面失手，却要不断拼命克制。我会很曾恶与男人在一起，宁愿打扮成一个女人的样子。我独处时，这个邪灵就会显现，我会作出非常娇柔造作的姿态。我满心憎恶这些事。我祷告，悔改，设法钉死肉体，却丝毫没意识到我的问题不再是"属地"，"属情欲"，而是"属鬼魔"（雅 3：15）。我里面有两股泉源：一个是爱灵魂，敬神，渴望事奉祂；另一个却以不洁的意念，欲望侮辱我，叫我诽谤耶稣，诅咒基督徒。如果有人乐意帮我的话，我很情愿透露这一切。我不知道谁有能力对付我的这些问题，甚至连听的人都没有，所以我只能尽力隐瞒著。

　　一九六九年十二月，有人向我和内人介绍释放的事工。当有人说基督徒也会有邪灵附身时，我丝毫不想争辩。我的灵欢呼得跳跃起来，因为我知道我找到了问题的答案。一个主内弟兄为我带来了释放，命令邪灵统统离开我，我确实感受到他们从我腹中向上，经过我的口，在叹息、哈欠声中出来。从那日起到现在，我不再受手淫的捆绑。此外，我的愤怒与憎恶也没有了。如今我可以跟母亲在一起几个小时而不会有所不和。我可以切实地以爱心与怜悯的心情拥抱她。有几个月的时间我处在九霄云外，然后突然间，同性恋的倾向和幻觉又开始活跃起来了。精确一点来说，有一天凌晨 2 点钟左右，我被惊醒，邪灵从里外对我夹攻。这时我已知道怎样赶鬼，抵挡撒旦，但是释放却只是短暂的。在我快要失去希望时，我听到叶光明的录音带，谈及秘术的罪需要一一提名承认，并且彻底弃绝。这一点上我还没做到的。意识到问题的根源之后，我就立刻照做了。此后不久，我经历了最大的释放。有一天我从一城开车到另一城，全程只不过一百里多。途中，我突然遇到邪灵罪恶的攻击，我全力呼气耶稣救我。祂在我脑中显示从四岁起邪灵如何进到我里面的种种事例。他每向我显出一件，我就弃绝那罪，命令邪灵出来。一个小时内，邪灵一一从我嘴巴，头顶，双肩出来。等我到达目的地时，我觉得筋疲力尽，但是我自由了，是我多年来经历的第一次自由。自从那个经历之后，我的灵命成长极快。我可以把时间精力转移到有效的事奉上，而不必不断与压抑的争战。那些欲望曾不断威胁着我的生存。另外，主让我的体重从 217 磅减到 155 磅。赞美主，因耶稣，我得洁净，重获自由了！

第 15 章
今天仍有邪术活动吗？

在查找邪灵和秘术活动那令人受苦的欺骗之道时，我们会发觉，牠们都出自一个主要来源：邪术。邪术是堕落人类普遍的原始宗教，当人类背叛离开神之后，趁机进来的势力就是邪术。正如圣经所说："**悖逆的罪与行邪术的罪相等。顽梗的罪与拜虚神和偶像的罪相同。你既厌弃耶和华的命令，耶和华也厌弃你作王。**"（撒上 15：23）虽然每个种族都有自己独特的邪术，却都共有一些基本因素。在世界许多地方，数世纪以来已知道邪术活动总是一直持续未变过，在一些有基督徒历史的国家，主要是西方国家，邪术与文化结合，以特种形式表现出来，开始时仅限于一小撮人，最近几十年来，却愈来愈明目张胆地猖狂起来。在当代物质主义的文化里，邪术的超自然因素对许多人很有吸引力。有些地方只有一种宗教形式（无论是教会或会堂），人们只熟悉纯物质和智能层面上的宗教活动，这样的人极易寻找别的途径。但他们能得到超自然因素，特别是能力，这就是为什么样很多人开始会转向邪术的原因。各种邪术有个共同点目标，就是辖制。凡受辖制之人的宗教活动，势必有邪术的作为。有些人在读本章时必然对我所写的事了如指掌，因为他们刚从撒旦的铁爪下逃离开来；有些人则会及时去认识，从而找到出路；除此之外，有些人会用这些信息去帮助别人，使别人得自由。

一般的邪术活动有以下几个部分：祭司（巫医，医术界人士，通灵的巫师），仪式（有不同的形式），祭物（动物或人），特殊音乐（常用咒语或击鼓），某种形式的誓约，使参与的人彼此相连，并与活动中心的撒旦势力相连。邪术有下列四个主要目标：

1. 讨好一个更高层次的神灵，通常被当作是变幻莫测或恶毒无比的。

2. 控制自然势力，如为了有好收成而下雨或好的气候。

3. 赶走疾病与不育，例如在非洲，几乎每一个不育妇女都找巫医求药剂或符咒。

4. 控制他人——在战争中恐吓敌人，或引发一个人对另一个人的性欲望。

现代邪术的四个层面

"现代"西方化的邪术活动也包含同样的要素，至少有四个层面的活动。

1. 公开，大众化，"体面"的层面。

2. "地下"的层面——男巫，女巫集会。

3. 潜伏在社会和教会中的第五纵队。

4. 肉体的层面。

公开，大众化，"体面"的层面

邪术活动的实质上教导并实践撒旦崇拜。撒旦教会在网络也有自己的网址，看起来好像是"体面"的教会。但是那些从他爪下挣脱的人会告诉你，撒旦仪式的中心是"黑弥撒"，是模仿基督徒圣餐的仪式而加以亵渎。其主导的动机是蓄意地憎恨，拒绝耶稣基督。其主要的对敌是基督的教会。

"地下"的层面

邪术集会常在夜间聚集，献祭，并引进新会员。邪术活动的主要部分是献祭，通常祭牲是动物——狗，猫，鼠，或一些其他小动物。然而，据我了解，这祭牲，只要可能，就是人，通常是婴儿。据报道，有几起案例是年轻人被要求去杀人，甚至斩下受害人的头，作为入会仪式。邪术的"神"是撒旦，追随者由一个誓约把他们与撒旦连结在一起，要求他们对所行的一切活动严守秘密。是什么吸引人进入撒旦教的呢？我相信是因其提供超自然的能力。一旦确认已得到的能力，撒旦教徒常常会胆大妄为。有个基督徒朋友一次在飞机上与一个妇人同室，见她拒绝食用一切食物。那妇人说她在禁食祷告，于是，我朋友说："我也是基督徒，有时候我也禁食祷告。"那妇人回答说："哦，不！我不是基督徒，我是撒旦教徒。"她随后解释说，她祷告有两大目标：基督徒婚姻瓦解，基督徒领袖跌倒。近几十年的统计一定鼓动她相信，她的祷告很有效。我曾收到一个妇人的来信，她常听我的广播，她说她曾是一个巫婆，被派到一个教会去在新信徒及软弱信徒身上栽种疑惑与不信，她成功地引走了三个这样的人。然后，她写道："你相信我能得赦免,得着耶稣的救恩吗？"我回答说,神有无限的怜悯。尽管如此，她还需经过一番挣扎，才能得到完全的自由，于是我把她交给当地的牧师看顾。

潜伏在社会和教会中的第五纵队

我不打算列出所有形式的邪术，这些邪术的目的是引诱无辜者参与撒旦崇拜。我只举几个例证来说明。

摇滚音乐

摇滚音乐是主要的管道之一，其潜在危害是惊人的。以下是最近才从一个 33 岁男人那里收到的一封信，蒙允摘录如下：

"叶光明先生，你好！我写信给你，是为了告诉你，我因邪灵附身而挣扎。我知道信中所写的也许对你来说了无新意，但对朋友，家人，教会领袖来说，我一定是精神异常了。一切发生于 16 岁那年，始于我听哥哥的摇滚乐唱片。那不是一个单纯的摇滚乐集，乃是一个恶魔的唱片集，封面上有"666"的字样，还有邪恶之物瞪着人。集中有一个画像，画有一个男人与七个邪灵同床（至少有 6.7 个），这些鬼围绕着他，像是要向他猛扑过来，那人脸上的表情极为痛苦。虽然我只听了1，2次，但那已经是让我痛苦到了极点。有一天，我听到一个很怪异的声音从音乐中发出，当我弯腰开门时，一股势力进到我里面，或是穿过了我，把我推倒后退几步，这推力很明显。我相信是邪灵的作为，因我有一个念头，就是要把唱片集藏起来，叫人无法把它扔掉——显然那是出自邪灵。至今我都记不起把它藏到哪里去了，尽管我祷告神让我尽量回忆起来。自此，我的生命就像是活在地狱里。这些鬼魔压制我，使我不能抬头，只要我一睡觉，他们就叫我四肢无力，使我不能动，不能说话，也不能睁眼，只能在脑子里呼求耶稣来帮我。这些鬼很恶毒，尽其所能地玷污我（我可以很具体、详细地描述出来，但我相信不妥当）。这是我16岁到31岁期间，每晚必经的煎熬。当我开始研读圣经，定期去教会以后，性虐待开始减退了。我知道你也许会想："你得救了吗？耶稣是你生命的主吗？"

我12岁那年就在母亲身边念主祷文，还念上千百遍。我之所以会如此说，乃是因为我的基督徒朋友，我去过的教会，查经班的人，他们都告诉我，这不可能发生在一个基督徒身上。所以，我在等待救赎的记号，这记号应当能使我的生命重归正常。当周围有这么多相反的意见向你轰炸时，你很难继续相信或还有信心。我甚至无法用正常的思维，无法维持一份工作长达6个月到1年。我不笨，因我拥有工程学位，我只是非常困惑。

我来自一个所谓的基督徒家庭，父母都是重生的基督徒，两个姊妹中一个也是重生的基督徒，只有唯一的哥哥不是。我父母支持你的事工，但我想他们不相信有邪灵附身的事，因为每次我一提起这个话题，父亲就会胆怯，很软弱地告诉我，以耶稣的名斥责他，然后他就转身走开了。而我母亲则干脆拒绝承认有这么回事，甚至要求姊妹不得与我谈论此事。母亲的亲戚也有潜在的邪灵势力影响，她父亲（已逝）是共济会会员，母亲（已逝）和三个姊妹中有两个尚存的姊妹，都参与共济会的姊妹会——东方之星。我知道这信看起来很怪，但我希望你能稍微理解，我想多告诉你一些，但写起来会比一本书还厚。"这是不是一个悲剧？

一个认耶稣为主的基督徒受邪灵折磨，却得不到其他基督徒的理解，更得不到帮助。（我曾在第 12 章提到过共济会，以及其称为东方之星的姊妹会的危险）显然，这个年轻人把自己暴露在如此明显的撒旦势力影响下是不智的。但是也有其他人同样把自己暴露在撒旦权势的影响，只不过没有这么明显而已。比如摇滚音乐会或迪斯科晚会中都有的因素，也会为邪灵开路，包括持续不断地重复同样的拍子，震耳的音乐，各种令人想入非非，甚至亵渎的歌曲，还有强光闪烁的走马灯等等。其影响可以拆毁一个人的思维及理性判断能力，从而使邪灵潜入。尤其如果还有酗酒和毒品罪其中，就更加可怕了。

新世纪运动的异端活动

邪术的第 5 纵队活动中持续扩张，其主要"前线"是打着"新世纪"的旗号，把各种宗教与哲学交织在一起的大杂烩。不幸的是，许多真诚认为自己是基督徒的人，也被其诱人的承诺，骗术而吸引。例如，一些想要讲究健康的人并未意识到，许多健康食品店就充斥着新世纪产品和教导材料。同样，许多人因相信催眠术而让邪灵权势趁机进入。有些人受催眠术"无辜"的表演哄骗，如电视上的节目，有些人则接受一些医学人士心里的治疗，或某种手术的"麻醉法"，因而受到撒旦势力的控制。另一个为邪灵开门的秘术活动是针灸疗法。有些医师和医务人员基于其"疗法"，而使用之。但分析它的邪术背景，显示出针灸不会对接受这种治疗的病人有长远的好处。以下是一位马来西亚中医师的警告：

"约 8 年前，一次在新加坡的退休会上，神告诉我针灸治法的危害，因为它与秘术相连，特别是它源于传统的中国宗教。我立刻弃绝用针灸治疗的技术，这技术是我在香港学到的，并且已成功地使用了 5 年之久。我一回到家里，就向诊所的同事，包括医生，护士，病人宣布针灸治疗的害处，并我已弃绝这技巧，从今以后不再使用这种疗法了。他们都大为惊讶，而我也将所收集的相关机械，针头，书籍，及图案等，在众人面前一烧而尽。总价值高达美金 1 万 5 千元，但过后的祝福却是无价的，因为：

1. 内人多年患有周期性的偏头痛，我曾多次为她针灸都不见效。但在此时却未经医疗，光靠祷告就立刻痊愈了。

2. 我对黑暗无法解释的惧怕也立刻消失了。

3. 我的诊所不仅没有受损，而且也加倍的收入。

约 3 年前，我们在马来西亚东部举办医治大会，会上看到一件异常的事。有个基督徒妇人来到台前为她的关节炎求医治祷告。刚开始祷告，神给了我一个知识的言语，说她过去接受过针灸治疗。她承认有过，但每次她要弃绝时，总是被摔倒在地，疼痛得大声尖叫。我们意识到她是受邪灵折磨，那鬼使在她受针灸治疗时进到她体内的。在我们奉耶稣的名以权柄胜过邪灵，把牠赶出之后，那妇人得了释放，并且得到完全的医治，然后她告诉我们，以前每当她想要弃绝针灸治疗时，无形的针灸会开始刺遍她接受过针灸治疗的部位。让我以一个可悲的实例作为结束。那个在香港教我针灸治疗的基督徒弟兄患上了极度忧郁症，并且在奇异的场合下自杀。世人不知道真正的原因，因为他拥有一切，但是我想我知道：他是受了咒诅，并赔上了自己的性命。

肉体的层面

我们已查看了邪术作为一种超自然势力的三个主要表现（一是公开化，二是地下的，三是隐藏的第五纵队），现在我们必须来揭露其根源。这是最少为人识破的活动，却已弥漫社会、教会之中。

保罗在加拉太书五 19-21 节列出了肉体的罪，中间他提到"拜偶像"和"邪术"。我在本章一开始提到，邪术的根源在于我们的肉体——人的堕落和悖逆的罪性。

这个罪性常常表现在控制他人方面，连婴儿都有。如果我们能控制他人，将会给我们一种安全感，他们就不能威胁我们，只做我们想要他们做的事。而神却从来不设法控制我们，祂尊敬所赐给我们的自由意志，尽管祂也要求我们对如何使用这个自由负责任。

　　控制他人的欲望有三种表现形式：操作、威胁、支配，其终极目的都在于支配。凡认为自己比对方弱的人会用操纵法，而认为自己比对方强的人会用威胁法，其最终目的都是一样：支配他人，控制他人，使他们做自己想要他们做的事。

　　很多家庭关系可以反映这一点，丈夫以一阵大怒或暴力恐吓妻子；妻子以眼泪、伤感来操纵丈夫，让他们因自己的缺点而内疚；父母常常恐吓或操纵孩子，但有时孩子也很擅于操纵父母。

　　操纵他人的最主要工具之一是罪疚感。一个作母亲的可以对儿子说：'儿子，你要是真爱妈妈，就跑到小店区给我买包烟。'这话对孩子有什么影响呢？他会因为不做母亲要他做的事而内疚，因为母亲会把这当做他不爱母亲的标记。这样的方式对待孩子是不对的。

　　然而，反过来孩子也会操纵父母。有客人在时，他会跑到妈妈面前，要求看平时不可以看的电视节目。他明明知道母亲小心保护他不受有害的影响，但他预计母亲不愿在客人面前看到儿子闹情绪。

　　一旦学会辨明要控制他人的愿望，是一种邪恶的、操纵的权势以后，我们就能看出这权势在许多不同领域的运作。在宗教方面，这可以反映在传道人要求会众作奉献上：'神告诉我，今晚会众中有十个人会个别奉献一千美元。'或者他陈列一些极具催泪效果的远方在生死线上挣扎的饥饿孩子的照片，使不奉献的人感到内疚，心想：也许我应该是这十个人之一。或者想：如果我不为这些孩子奉献的话，我一定是没有心肝的人。

　　在政治方面，也许是一个候选人，他用种族歧视为诉求，来赢选票。商业上则表现在打广告，诱惑人想要一些他们并不需要的东西，买他们付不起的东西。以上所列举的每一种都是邪恶的。

　　一旦我们辨别这些措施是隐蔽的邪术，就会意识到，在当今文化中，人们不断受到这方面的压力，这便为保罗在哥林多后书四 4 的话赋予了新的含义："此等不信之人被这世界的神弄瞎了心眼。"不断屈服于一种肉体的欲望，可以为一个相关的邪灵侵入而敞开大门。这适于加拉太书五 19 – 21 所提到的一切情欲的事：**"情欲的事都是显而易见的，就如奸淫、污秽、邪荡、拜偶像、邪术、仇恨、争竞、忌恨、恼怒、结党、纷争、异端、嫉妒、醉酒、荒宴等类……。"** 一个人如果定期屈从于奸淫、嫉妒或忌恨（这里只举出三个），他就可能会被相关的邪灵侵占。

这也同样适用于邪术。凡习惯性地使用恐吓、操纵的手段去控制他人者，会被邪术的邪灵辖制，以致他们若不用这些方式就不能与人相处。这时就不再只是肉体做怪了，而是一种新的、超自然权势使他们所辖制的人在属灵上受到奴役。

我看过这种邪灵权势在母女之间的运作。母亲决定女儿应当嫁给一个特别种族背景或地位的人，如果女人选择的对象不符合母亲的标准，母亲身上那邪术的灵就会使她以咒诅的形式作出反应。这加在女儿和未来女婿身上的咒诅可能是口头上的：'如果你嫁给那人，你就永远入不敷出，他永远不能供养你。'结果，这对夫妇真的会常常面临莫名其妙的经济压力。

邪术之灵运作于其他各种不同的关系。有时候牧师会想控制所属同工，乃至全会众；或者是一个公务人员威胁他的部下；或者是一个政治领袖靠激发民众对敌国的憎恨，而分散人们的注意，使他们不关心一些紧急需求。

当两个人之间存在这种控制关系的时候，受控的人几乎肯定需要从邪术中得释放。同样，施行控制的人也需要得释放。但每一个人必须先符合得释放的条件：一方面，施行控制的人必须悔改，弃绝他（或她）的控制欲望；另一方面，被控制的人必须因屈服于这种控制而悔改，并且必须切断这种依赖关系。

出路

在第二十一章，我会详细教导如何得自由，但让我先在这里提出警告。凡曾参与撒旦崇拜，使用撒旦所赋能力的人，必须要很有决心才能得释放。属灵的争战很激烈。

　　我和利迪亚曾参与一个小组，帮助一个年轻夫人得释放。这妇人告诉我们，她曾作过撒旦教的女祭司，但已悔改了，很渴望得释放。其间她取出一个戒指给我们看，这戒指象征她与撒旦的婚姻关系。在我们的鼓励下，她终于把戒指取下，但是那邪灵却强迫她把戒指吞下去！当场有位年轻的男同工得到超自然的信心膏抹，命令那妇人再吐出那戒指。妇人立刻答应了，然后，那男同工捡起戒指，把它扔到附近的湖中。

　　这个年轻妇人得释放的关键在于她公开向一组基督徒悔改，并把敬拜撒旦时穿过的每一件衣袍都烧毁。这符合圣经的教导：**"连那被情欲沾染的衣服也当厌恶。"**（犹二十三）

　　然而，获释的经历并非争战的结束。在撒旦看来，一个有意识地向牠作过无保留委身的人，一直都是牠的财产，受牠永远的捆绑。牠会不断重建牠的控制权，使用手下各样的邪灵达到其目的。

　　所以，撒旦的受害者需要一组委身的信徒与他并肩作战，他需要学习抵抗每一种压力，不断确信圣经对释放和全胜的保证。在这方面，耶稣是我们的榜样，每次撒旦近前来攻击牠时，牠以一个方式回答就够了。马太福音四 1-11 有完整的记载，主不断以**"经上记著说……"**这句话来对付撒旦的种种攻击，而撒旦对神写下的话语是无言以对的。

　　以神的智慧如此不断地抵挡每一次从邪灵来的压制，这过程会带来一个积极的目的。当一个人被撒旦奴役时，他（或她）个性的内墙已经倒塌。得到释放以后，为了继续保有自由，那道保护墙必须重建。一旦这堵防卫墙稳固地建起来以后，撒旦的压力就会渐渐减弱，最后彻底终止。撒旦很精明，牠不会派军队去打牠不再能赢的仗。

　　我们该怎样确保自己不受欺骗呢？上一章已经解释过。进入神国的门只有一个，就是耶稣，是**"道路、真理和生命"**（约十四6）。凡以其他门进入超自然领域的人，只能走进黑暗的国，而不是光明的国。

　　我会在第十六章详细说明应当如何警醒，以确保不受欺骗去跟随'另一个耶稣'，因他跟圣经描述的耶稣不吻合，他不会引起我们进入真理。

　　真理只有一个。在约翰福音十七 17，耶稣对父神说"……**你的道就是真理。**"任何跟圣经不协调的都是错误的。为此，我们一定要学习基要真理和圣经的原理，使我们时刻准备以此来测试一切要求我们相信的事。但是，我们仍要警惕，不是所有随时引用圣经的人也顺服圣经（参考我所著的一本小册 - 《谨防受骗》）。

　　接下来看有关邪灵领域常问的第六大问题。

第 16 章
基督徒也需要得释放吗？

第六个问题是最常问的问题，并且常常伴随着一种不信的语调，暗示问话的人期待否定的答案。

　　曾经有某个宗教的刊物将我和另一位弟兄列为异教徒，因为我们从基督徒身上赶鬼。我问那弟兄说："我们该怎么办呢？难道任由邪灵附在他们身上吗？"人们这样反对我们，是因为他们认为基督徒不可能有邪灵附身。后来，这种罪名显然被解除了，因为属于那宗派的教会从那以后也邀我去举办释放特会。

　　三十多年以来，我从来没听过或读过一篇合理的符合圣经的讲章，说明基督徒从来不需要从邪灵手中得释放。那些相信这论点的人，好像把它当做很显而易见、不需要圣经证实的观点。但是这样随意自以为是，至少也是很令人惊讶的。

　　一个年轻的基督徒弟兄来告诉我说，一位称为琼斯的著名布道家为他祷告，使他从尼古丁的邪灵之下得释放。我回答说："我以为琼斯弟兄不相信基督徒会有邪灵附身。"那位青年回答说："你说得对。但是当琼斯弟兄为我祷告时，他并不知道我已经是一个基督徒了。"这段对话引起了我的深思。我自言自语道：这样看来，非基督徒好像比基督徒更有利一些。这不合理，因为他们可以领受祷告，从邪灵手中得释放，但他们一旦成为基督徒，就不再能得到这方面的祷告帮助了！

　　基督徒这个名称对不同的人意味着不同的事。因此，我要先确认我对这个词的认识。我的定义是按约翰福音一章十一到十三节而下的：

> **"祂到自己的地方来，自己的人倒不接待祂。凡接待祂的，就是信祂名的人，祂就赐给他们权柄作神的儿女。这等人不是从血气生的，不是从情欲生的，也不是从人意生的，乃是从神生的。"**

我的意思是，所谓的基督徒，是那些已经悔改认自己罪过的人，每一个人都个别地因信而承认耶稣为救主和主，结果是，这人就从神而生了，也就是'重生'了（参约三 5 - 8）

另一种描述基督徒的方式，是指一个人满足了马可福音十六 15 - 16 中耶稣提出的得救条件：**"祂又对他们说：'你们往普天下去，传福音给万民听。信而受洗的，必然得救；不信的，必被定罪。'"**

这样的人听信了福音，并且受洗，他就因此得救。这样的人过后仍然需要从邪灵得释放吗？这要取决于这个人是怎样的得着救恩的或是重获新生的。腓利在撒玛利亚的事工，说明当地人显然是从邪灵手中得释放之后，才相信、受水洗的（参徒八 5 - 13），而认定这样的人大多不需要更进一步的释放是合理的。

但是，即使在这种情况下仍然有一个显著的例外，行邪术的西门是那些相信、受洗之人中的一个。然而，当他要拿钱给彼得，好使他也得到能力去为别人按手，使人得圣灵时，彼得的回应是：**"你的银子和你一同灭亡吧！因为你以为神的恩赐是可以用钱买的。你在这道上无分无关；因为在神面前，你的心不正。"**（徒八 20 - 21）如果认定这个西门在相信、受洗后不再需要释放，就太轻率了。

然而，假如腓利用另一种传道方式，一种今天常用的方式向撒玛利亚传福音，却不对付邪灵，就邀请人们来到前面，做个简短的祷告，然后签一张决志卡，或从辅导员那里领受一番指示。其结果会是怎样呢？他们会得救重生，但他们仍需从得救前就进入他们里面的邪灵手中得释放。

我要强调的是，我不反对这种传道方式，我自己也这么做过。我只想要指出，这样的传道方式不一定能产生腓利在撒玛利亚事工的果效。回应福音的人仍需要对付邪灵的问题，这并不意味他们不是基督徒，只是表示着他们当中一些人仍然需要得释放。

重生的变化

因此，我们有必要更精确地强调，一个人在重生时会有什么变化？最小的变化是什么？最大的变化有是什么？当人得着「权柄」，成为神的儿女之后，这权柄的果效是跟如何使用这权柄成正比的。一个教师有权柄，但是如果他不用这权柄，学生会很散漫、无组织、无纪律。如果一个警察不使用权柄，罪犯会无法得到惩治。

重生也是如此。我相信它的潜力是无限的，但其发展却要取决于每个信徒如何使用神赐给他的权柄。一个人也许只想要作体面的教会会友；另一个人也许会争取最大的改变，而成为积极、委身的传扬福音、赢得灵魂的人，甚至会成为传道人，向众人传道，或成为一个代祷者，接着祷告使多人重生。其中的不同，在于每个人使用神所赐权柄的程度。

伴随着重生而得的其中一个权柄，就是赶鬼的权柄，一如门徒在路加福音十 17－19 对耶稣说的：**"主啊，因你的名，就是鬼也服了我们。"** 耶稣的回答是：**"我已经给你们权柄……胜过仇敌一切的能力。"** 然而，这权柄的效力只能与我们使用这权柄的多少相对应。有时候邪灵会自动离开，但通常需要把牠们赶出去。

有两种不同的场合是基督徒需要去对方邪灵的，一是重生前已进入的邪灵。二是重生后才侵入的邪灵。

重生前已侵入的邪灵

我们先来看看第一种情况，即一个人在寻求救恩前已被邪灵侵入。我还没找到有经文说鬼会在人得救时自动离开，其实，腓利在撒玛利亚的事说明了相反的结论。如果人们在相信及受洗时邪灵就会自动离开，为什么腓利还要花时间与精力，把牠们赶出去呢？他大可只给新信徒施水洗礼，邪灵就会自动逃跑了。

所以，逻辑上可见，如果一个传道人不跟随腓利的样式，既传福音，又赶鬼的话，许多人会相信、受洗，却不会从邪灵手中得释放。这一点适用于现代的基督徒。

且让我们撇下邪灵不提，光看一个人在重生时的变化。圣经没有提到，新信徒会自动免除信主之前发生在他们身上之事的一切后果。例如，有个富人患了细菌引起的慢性鼻窦炎；她成了基督徒之后，鼻窦炎还是存在。一种自然的解释就是，这鼻窦炎仍然由那同一种细菌引起，而从医学的角度来说，这结论也没错。

现在我们来思想一个因邪灵的缘故而有严重情绪问题的人。这人成了基督徒，但是问题仍然持续。我们可以用合乎圣经的理由，来怀疑他的情绪的问题仍然是因邪灵造成的吗？例如，一个受酗酒成性的父母养育的孩子，很可能受愤怒、害怕的邪灵浸入。如果他后来成了基督徒，却仍然屈服于无法控制的暴怒或害怕，那么就只有一个解释，就是：这愤怒、害怕的灵需要被赶逐。

这同样适用于那些因不慎而受药物、酒精、不道德的性行为或邪术之灵侵入的人。如果他们成了基督徒，仍然会受这些邪恶势力的影响，此时就只有一个简单的解释：他们需要从使用其受捆绑的邪灵手中得释放。

感谢神，作为基督徒，我们已经有耶稣所赐的权柄，可以对付一切因无知而引入己身的各种邪灵。然而，这权柄只有凭着积极的信心来运用时才有效应。

认为基督徒不再受邪灵活动辖制的教义，会引致一些不幸的结局。一个信徒可能屈服于邪灵的压制，说："我也没办法，我就是这样的人。"要不然他（或她）会想办法压抑内在的压力，这样会使人花费很多的属灵精力在这上面，而不能做更积极的事。在这两种场合下，符合圣经的实用补救方式，是信徒确实对付邪灵，运用神所赐的权柄把牠们赶出来。

阐明这一切之后，我们也必须时刻让神有作工的余地。我自己的得救经历就是一例。前面提过，我信主前的背景是专攻希腊哲学，学过瑜伽术。在我与耶稣基督奇遇的那一夜，我背朝地躺在地板上长达一小时之久。开始是不住地啜泣，然后是一阵喜乐涌上心头，我开始连续一阵阵大笑起来。

在这次经历之前，我可以承认耶稣是一个伟大的教师，是一个极好的榜样，但不是神的儿子。但是，那日之后的第二天一早，我就毫无疑问地知道耶稣是神的儿子。数年后，在我帮助别人得释放时，我才意识到，那一晚，我已从瑜伽的灵中得著释放，那灵一直使我不能相信耶稣是神的儿子。有些人是靠一声简单的祷告就从尼古丁或酒精之灵得释放，他们自己甚至不知道这些邪灵存在。当然，一个由敬畏神的父母所养育的孩子，他因从小接受救恩，就可能从来没有受过邪灵的影响。但是，我们没有圣经基础来假定这种自由会自动而来的。不管在哪里，每当面对邪灵时，圣经的反应是用基督给我们的权柄把牠们赶出去。

重生后才侵入的邪灵

现在我们来看第二个情况：一个人信主后邪灵可能侵入他（或她）吗？有人认为我们一旦重生，就永远不再受制于邪灵了，这想法是幼稚的。相反的，在我们成为基督徒后，撒旦会加紧压力开攻击我们，特别是我们对牠的国有极大威胁的时候。那些从前受牠捆绑的人更是如此，他所承受从撒旦来的压力会高人一倍。圣经中有许多警告，要求基督徒严防撒旦的攻击。彼得在彼得前书五8~9 中所说的话，是专门针对基督徒的：

"务要谨守，儆醒。因为你们的仇敌魔鬼，如同吼叫的狮子，遍地游行，寻找可吞吃的人。你们要用坚固的信心抵挡牠，因为知道你们在世上的众弟兄，也是经历这样的苦难。"

彼得的这番劝勉有两个部分。第一，我们要谨守、儆醒，否则我们不会辨别邪灵的存在或活动。第二，我们要抵挡邪灵的压制，要主动提防。如果我们遵行这些暗示，就得以全胜。但是，如果我们不谨守、儆醒，就不会辨别仇敌，也不能抵挡牠们，这样仇敌就会侵害我们，设法摧毁我们。基督徒所能犯的最大错误，莫过于持若无其事的态度了。

新约的一些经文很明显地警告我们，不要轻易把自己暴露在邪灵的影响之下。撒旦的一个惯用伎俩是欺骗。在提摩太前书四1，保罗的警告时迫切的："**圣灵明说，在后来的时候，必有人离弃真道，听从那引诱人的邪灵和鬼魔的道理。**"

保罗这里说到一些人屈从邪灵的影响而'离弃真道'。显然，这些人除非先信了真道，才会离开真道。作为信徒，他们显然敞露自己受欺骗的灵影响，以至离弃对基督的信仰。我们唯一的防范措施就是随时谨守，坚决抵挡魔鬼针对我们而来的压制和欺骗。

保罗对哥林多教会的基督徒也发出过同样迫切的警告。他在哥林多后书十一 3 对哥林多的基督徒写到：**"我只怕你们的心或偏于邪，失去那向基督所存纯一清洁的心，就像蛇用诡诈诱惑了夏娃一样。"**

保罗接着警告有假教师的出现：**"假如有人来另传一个耶稣，不是我们所传过的；或者你们另受一个灵，不是你们所受过的；或者另得一个福音，不是你们所得过的；你们容让他也就罢了。"** (林后十一 4) 保罗的警告有三部分。第一，那骗人的传'另一个耶稣'；第二，接受这骗人的信息的人'领受另一个灵'，不是他们所受过的；第三，他们拥护与原先那个福音不一样的'另一个福音'。

这些基督徒借着保罗的事工，已经领受了圣灵。所以，当他说受那不是他们从前所受过的'另一个灵'时，他是指一个不洁的灵，即欺骗的邪灵。

这是一个很好的例子，说明重生的基督徒，尽管已经领受过圣灵，仍然能够受骗上当而去接受一个假灵，一个邪灵。是什么给邪灵开门的呢？显然是接受'另一个耶稣'的信息，这是问题的根源所在。一旦基督徒信'另一个耶稣'的信息时，他们就领受了'另一个灵'，一个邪灵，并且开始相信'另一个福音'了。

所以,按理我们会问：今天教会中有人传讲'另一个耶稣'吗？答案是加重语气的'有'。例如，在南美一些国家流行另一个耶稣，他被描绘为革命派领袖，为贫穷人的事业搞运动，随时预备组织一次武装革命，反对资产阶级。新世纪运动又流行另一个'耶稣'，他是一个东方宗教领袖。把福音信息和奇异的印度教或佛教混合在一起。但是，圣经上的耶稣，既是万物的创造主，又是全人类的审判者，这一点却从来没有得到传扬。

　　然后，另有一个受人文学者欢迎的'耶稣'，他不断传讲爱、赦免，但从来不提地狱或悔改。他所反映的耶稣只是救主，而从不审判，与路加福音十九 27 所说的根本就没有任何关系。因为圣经上的耶稣说：**"至于我那些仇敌，不要我作他们王的，把他们拉来，在我面前杀了吧！"**

　　另一种'耶稣是'圣诞老人'式的，人们只要相信，就可以得到他们想要的任何东西。从一份高薪工作，到一辆昂贵的轿车，或一栋附泳池的房子。但是，他也和人文主义的'耶稣'一样，从来不提地狱，从来不要人悔改或保持圣洁。

　　可悲的是，许多现代基督徒受引诱，开始接受不同形式的、不符合圣经的假基督。借着接受'另一个耶稣'，他们就受了'另一个灵'，即邪灵。这不是一个神学教义问题，可作抽象的讨论，而是关于永恒生死的大事。基督的牧者有义务警告神的子民，因基督徒很容易在这方面受骗上当。一半是因为过分强调一些当代的教义，他们并不符合圣经，这就促成偏重某些一次式的经历，而不敢叫人改变他们的生活方式。但只有生活方式的改变，才能使这些经历生效。

不断顺从的必要性

重生是一个很美妙的经历，也许是一个人一生中最重要的经历。但这只是诞生，其价值在于它是新生命历程的起点。那些停滞在此经历而不前进的基督徒，就像现实中的一些孩子，他们的父母只管不断地为他们庆生，而不为他们提供训练和营养品，以教导他们成为有责任心的人。

　　另一些基督徒特别强调圣灵的洗，却不让圣灵继续不断在他们生命中动工。耶稣说，领受圣灵会使**'活水的江河'**在信徒的生命中不断涌流（参约七 38－39）。但是，一些基督徒却只有一滩水的经历，或者顶多一小池塘水的经历，却没有日常生活中经历圣灵不断地涌流。

此外，有些基督徒很少强调一生不断顺从及保持圣洁的必要性。但是，耶稣却以这个问题向当代的人作挑战说："**你们为什么称呼我'主啊，主啊，'却不遵我的话行呢？**"（路六 46）称呼耶稣为'主'，却不顺从祂，是假冒为善，不能抵制撒旦的攻击。

一些基督徒声称，他们会自动受到耶稣宝血的保护，不会遭邪灵侵害。神的确让我们借宝血受完全的保护，但是这供应取决于我们是否满足祂的条件。使徒彼得在彼得前书一 2 中告诉我们，说我们是"照父神的先见被拣选，借着圣灵得成圣洁，以致顺服耶稣基督，又蒙祂血所洒的人"。顺服的生活方式是受耶稣宝血保护的条件，祂的宝血不会洒向那些恣意妄为、不顺从的人身上。这一点可透过旧约所记载，以色列人在埃及的第一个逾越节来作例证。这是摩西向以色列人说的话：

> **"拿一把牛膝草，蘸盆里的血，打在门楣上和左右的门框上。你们谁也不可出自己的房门，直到早晨。"** （出十二 22）

以色列人受保护，不是因为他们是以色列人，乃是因为他们遵守了神的指示，把血涂在门框、门楣上，并待在房子里面。他们在血的保护范围内，如果那头生的出了房门外，他们就会遭受埃及人同样的命运，这对我们基督徒也一样。我们受保护，不受撒旦攻击，不但取决于我们是基督徒，而且要求我们顺从神的指示。血不能保护执意不顺从的人。使徒约翰在约翰一书一 7 中，很美妙地印证了耶稣宝血的大能可以保守我们，对付我们生命中的罪："我们若在光明中行，如同神在光明中，就彼此相交，他儿子耶稣的血在洗净我们一切的罪。"

这里有几个重点，要求我们注意。第一，开头的'若'字说明要满足某个条件。如果条件没有满足，应许的结果就不会有效。条件是：'**我们在光明中行。**'应许的两个结果是：'**彼此相交……洗净我们**'，不是指经历一次就无需再重复了。我们昨天满足了条件，并不保证我们今生一直都能满足，就像逾越节的模式一样，神要求我们不断顺从，才能得到血的保护。

我们也当注意。行在光明中的第一个结果，是我们与其他信徒彼此相交。如果我们忽略这一点，就没有行在光明中。如果我们走在光明之外，耶稣的血就不再能洗净我们，血不能在我们行在黑暗中时洁净我们。

从另一个角度来说，撒旦为了对付我们而对我们施加的邪灵压制，往往反而对我们有益处。这些压制可以提醒我们，要不断服从并与主同行。这也许是为什么神允许有这些压制的原因。

一个爱耶稣的人

以下是一个美国精神病院中一个同工的见证。这见证很完美地说明了神提供的释放，并反映神的怜悯。

'灵恩派'发展至今最受争议的问题，就是基督徒是否会被鬼附。我也是最近开始在一家州立精神病院工作时，才开始接受有关邪灵和释放的教导。我的第一个病人是个很有学问的三十几岁的男青年，他花了十年的功夫，接受全国最好的医疗。

他病症的外在表现，在于他常不自主地、不断用头去撞墙，或用其他尖锐的东西自残，这常常使他受伤深重。这行为的出现跟治疗或病人的心态没有关系。问题变得日趋严重，最后我们必须让病人戴一顶钢盔，并把他绑在床上，而这床是放在房间中间，并被固定在地面上的。

这青年人很英俊，很受人喜爱，全医院护理人员都认识他。他的悲剧和最令我困惑的一件事，就是他挚爱耶稣基督。他是一个基督徒，公开承认过基督。当我们一起唱诗、祷告、分享神的话语时，他会喜乐得流泪。但是，过了好几个星期，我都没有意识到，当我们一起团契结束分开后，他会大发雷霆，辱骂我，并拼命想要伤害自己。

听到这些报告后，我担忧他的安全，就停止探访他，而只一味依靠神回应我的祷告，使他得康复。但那人因我不去而变得很沮丧，我不得不再回去。在我打开圣经与他分享时，圣灵突然感动我，叫我命令那邪灵离开。尽管我口中的话语微小的几乎听不到，但反应确实即刻的。

我从来都没有看到过这样咬牙切齿的尖叫、辱骂基督、满面邪恶表情的事。不仅如此，尽管他被稳稳地绑在床上，他的身体竟然变得僵硬，甚至离床一尺，悬在半空中。病人的变化很突然、很暴力，我开始害怕起来，就赶紧离开那房间，希望这会缓和他剧烈的反应。

几分钟后我才意识到，我叫邪灵离开的话跟这剧烈反应之间的联系。圣灵催我回去，这回邪灵的彰显不再使我害怕了。我奉耶稣的名命令那鬼离开，提醒牠马可福音十六 17 上的话。尽管那鬼仍然不断示威，我还是带着基督的确据。回到我的办公室。

从那天起，那人完全摆脱那鬼及其可怕的示威行动。不仅如此，他拿起圣经，走遍医院，对着工作人员和病人，赞美神让他'从魔鬼手中得释放'。事后医院的调查也证实他奇妙地得释放。

其实，不是因为我的祷告、团契及分享神的话，使这位基督徒的生命得到康复的，乃是按马可福音十六 17 的话，把邪灵赶出以后才达到的。

第 17 章
圣灵会住在不洁的器皿里吗？

问这问题的人，和问信徒会不会被鬼附是一样的。他们在发问时通常会带有一种口吻，暗示答案是'不'！

但是，答案却是与许多人的想法相反。对这第七个问题，也是最后一个常被问到的问题之答案是肯定的。圣灵会住在不完全洁净的器皿中，只要祂能进入一个人的中枢部位：人的心。

大卫王就是一个真实的例子，据撒母耳记下第十一章的记载，大卫犯了奸淫和谋杀的罪。起先，他与拔示巴犯奸淫，然后他又设法谋杀拔示巴的丈夫乌利亚。无疑大卫因这两桩罪而被大大玷污了，但是当先知拿单因此向他质问时，他悔改认罪了。后来，在极端困苦中，他向神作了这样一个祷告："**不要丢弃我，使我离开你的面；不要从我收回你的圣灵。求你使我仍得救恩之乐，赐我乐意的灵扶持我。**"（诗五十一 11－12）

大卫这段祷告的用词很重要。他要求神使他重新得到救恩之乐，不是重新得到圣灵，而是求神不要从他收回圣灵。大卫失去了救恩的喜乐，但祷告神使他仍得这喜乐。即便如此，他从未失去圣灵的同在。令人惊讶的是，即使他犯了这么大的两桩罪案，圣灵仍然与他同在。

因为神没有取走祂的圣灵，大卫仍然可以悔改。没有圣灵的感动，他不会悔改。相反的，如果大卫不受圣灵的感动，神就很可能会从他身上收回圣灵了。这是圣经中的一个明显的例子，说明在某些场合下，圣灵会住在不洁的器皿中。

每一个重生、被圣灵充满的基督徒，都需要感谢神这样施怜悯和恩典。没有神的怜悯和恩典，很少有人会希望圣灵仍然与我们同住。除了奸淫或谋杀，还有许多罪可以玷污我们。耶稣在马可福音七 21－23 说得很明白：

"因为从里面，就是从人心里，发出恶念、苟合、偷盗、凶杀、奸淫、贪婪、邪恶、诡诈、淫荡、嫉妒、谤讟、骄傲、狂妄。这一切的恶都是从里面出来，且能污秽人。"

让我们来看耶稣列出来的五个罪：恶念、贪婪、诡诈、骄傲、狂妄。我与基督徒交往有五十多年之久，我不敢指着任何一个人说："这人从来没有触犯过这几种污秽人的罪。"当然，我也绝不能自视已经做到毫无瑕疵。

但是，神因祂的怜悯，没有从我们身上收回到祂的圣灵。祂不断住在我们里面，尽管我们有污秽。但是祂也同时要求我们要不断悔改。感谢神，新约没有给我们展示一幅理想化的、不切实际的基督徒形象！

不断与罪争战

保罗在哥林多后书六 17 – 18 向基督徒发出挑战，要我们过一个分别为圣的生活：

"你们务要从他们中间出来，与他们分别；不要沾不洁净的物，我就收纳你们。我要作你们的父；你们要作我的儿女。这是全能的主说的。"

但是，保罗紧接着又说："亲爱的弟兄啊，我们既有这等应许，就当洁净自己，除去身体、灵魂一切的污秽，敬畏神，得以成圣，"（林后七 1）

保罗说："就当洁净自己。"神不会代我们做洁净的工作。我们应当自我负责并洁净自己，当用神为我们提供的恩典：承认自己的罪并悔改，满足神立下的、使人得赦免与洁净的条件。保罗对神的圣洁标准毫不妥协、但同时也清晰地说明他自己也没有达到标准，在腓立比书三 12-15 中他描写了自己如何追求圣洁：

"这不是说我已经得着了，已经完全了；我乃是竭力追求，或者可以得着基督耶稣所以得着我的。弟兄们，我不是以为自己已经得着了；我只有一件事，就是忘记背后，努力面前的，向着标杆直跑，要得神在基督耶稣里从上面召我来的奖赏。所以我们中间，凡是完全人总要存在这样的心；若在什么事上存别样的心，神也必以此指示你们。"

我们不可能比保罗做得更好，只能跟随他的榜样，承认自己需要洁净，并仰望神，祈求洁净，努力向前，以达到神为我们立的标准。我得强调我并未打算降低神对圣洁的标准，这些标准是永恒立定不变的，但是我们必须诚实、实际地承认，许多人在朝这些标准奋斗时成功率并不高。

凡教导圣灵只住在完全圣洁的人身上，会导致两种不良的结果。一会阻碍诚心的基督徒追求圣灵的充满，因他们会为自己永远达不到标准而放弃；或者这类教训会促使那些接受圣灵洗的人自以为义而假冒为善。他们会以为：我一定很完美了，才能得着圣灵，所以从此我会一直都完美无缺。

这样的结果是过虚假的基督徒生活方式。这些人会在发脾气时说他是发义怒，他们仍旧挑战牧者或其他基督徒，但却称这行为是分辨；他们仍旧过着放纵肉体的生活，却自我辩解说：'凡事我都可行。'

我们应当记住，圣灵也是真理的灵。祂喜悦我们对自己诚实，尽管这样做会伤害自己骄傲心理。反过来说，当我们躲在宗教面具的后面，祂会很忧伤。

你也许会问："你是不是在说，神对领受圣灵的人没有要求？"当然不是！但我们应当清楚的是，这些条件到底是哪些。

神的要求

在使徒行传，我们看到神的先例。使徒行传十 24 – 28 记载了哥尼流一家，在彼得去他们那里时，领受圣灵的经历。他们不是犹太人寻求遵行摩西律法，他们乃是外邦人，这也许是他们头一次听到福音。但是，圣灵降在他们身上，他们开始说起方言来。如果我们认为，他么因此在生活的每个层面都与神的标准一致，或者全摆脱外邦人污秽的背景了，这是很不实际的。彼得事后提起这经历时说："**又借着信洁净了他们的心，并不分他们（外邦人）我们（犹太人）。**"（徒十五 9）这里指明了领受圣灵的最基本要求：因信而洁净的心。所罗门在箴言四 23 中劝告我们："**你要保守你心，胜过保守一切，因为一生的果效是由心发出。**"

我们所做的一切，以及我们的生活方式只出自一个源头：心。神很实际，他的救赎目的也始于心。一旦他洁净了人的心，他继而以使人圣洁的恩典从里向外在人身上动工，直到整个人顺服于圣灵的管辖。

这会立刻发生吗？希伯来书十 14 说："**因为祂一次献祭，便叫那得以成圣的人永远完全。**"耶稣的献祭是永远完全的，不需另加什么，也没人能带走任何果效。而人'得以成圣'是一个渐进的过程，需要人不断支取耶稣献祭所成就的好处。在这个成圣过程中，圣灵是我们的帮助。

圣灵对我们失败也有实际的操作办法。祂会温柔地向我们指出罪恶过犯，帮助我们改变；有时候祂会很严厉地让我们知罪，但是祂从不定我们的罪。

基督徒不断与罪争战的事实，在新约中很有力得着证明。希伯来书三 13 中说："**总要趁着还有'今日'，天天彼此相劝，免得你们中间有人被罪迷惑，心里就刚硬了。**"

另外，在希伯来书十二 1，作者又说道："**容易缠累我们的罪**"；紧接着第 4 节又说："**你们与罪恶相争，还没有抵挡到流血的地步。**"对付罪是一个生死搏斗，承认罪仍然在我们生命中做工没有什么可耻的。相反的，最大的危险在于拒绝承认，这会使我们在遇到试探时毫无抵抗的准备。

如果圣灵要等我们完全的时候才来住在我们里面，这会像是一个教授对学生说："等你们通过考试，我才教你们"一样。他的学生会回应道："教授，那不是我们的！我们需要你现在开始教我们学会后去应考。"我们现在就需要圣灵，叫我们可以得到祂的帮助而战胜邪恶，达到神的圣洁标准。我们尤其需要圣灵帮助我们对付邪灵。如果圣灵看出我们里面有辖制，祂不会撒手不管，因为他看我们的需要比我们自己更清楚。祂会赐我们能力去赶出邪灵，因为祂怜悯我们，乐意住在我们里面，与我们同工，以基督的胜利胜过一切敌对势力。我们的进展取决于我们与内在的圣灵合作的程度。

让我再强调一次：圣灵不是因为我们完全了，才来住在我们里面的。祂是来帮助我们，使我们能得以完全。当然，如果我有意识继续生活在罪中，圣灵就不会来帮助我们对抗邪灵了。但是，如果我们认识到自己的罪，真诚悔改，祂就会与我们一起奋战，对付奴役我们的邪灵。有祂的帮助，我们就能赶出邪灵。

洁净器皿

以下是一个华盛顿特区议员助理的见证，她很坦白地说出了自己的挣扎：

"我大约在七年前受圣灵的洗。去年六月下旬，在华盛顿特区的一个教会里，我的神经性耳聋得到瞬间的医治。然后在八月份，医生确认我乳房里的囊肿和肿瘤也得了根治。

我是一个议员的高级助理。议员本人虽然对我得医治的经历很惊喜，但是我的见证在我活动的政界圈子里，却没有得到什么好的反应。九月份时，我辞去那份工作，休息了几个月，与主亲近。

然后到了十二月中，我开始变得沮丧、失望，一月份的第一个星期简直糟糕透了！有一天我大发脾气，当时我单独一个人，是由一件小事引起的，我立刻意识到自己犯了发怒的罪。在我祷告求神赦免时，我有被塞住的感觉，不是因为情绪引起的，而是喉咙中有明显的压力，一股很真实的外在势力。

一个朋友说我可能需要得释放。所以我买了你的有关对付邪灵和释放的录音带。以前我一直躲避任何有关灵界和魔鬼的事，相信只要我不惹牠们。牠们也不会惹我。我打从心里就不想与灵界和魔鬼打交道！不过，我还是听了你的录音带，我把圣经放在桌子上，跟着你翻看有关的经文。在录音带快结束之前，你向会众作指示，我决定跟着做。然后你开始做释放的祷告。但是录音带却突然结束，带子上你说的最后一句话是："记住，耶稣是你的拯救。"

我不知道该期待什么，也不知道该怎么做，所以我对主的祷告也是我不知道该怎么办。但是既然牠是我的拯救，我就把自己完全交给牠吧！我说出了一些我意识到是邪恶、有罪的、不出于神的事，并且不想与它们有份，包括憎恨、不饶恕、疑惑、焦虑、害怕等。

正如我前面说过的，我不知道期待什么。过了几分钟，不超过二、三分钟，我开始不禁拼命喘气、作呕，过了约十分钟，我觉得我的肚子不一样了！但我不觉得或不相信已经完全得释放，于是我叫污鬼或邪灵们一一报名，然后便命令牠们出去。没有什么事发生，我也不知道为什么。

后来，我求主告诉我是否还有任何邪灵的压制，以及牠们的名字，好叫我从中得释放。第一个显明的是自杀，其力量真是可怕，我可以感觉到牠一直冲到我的头顶部位。我察觉到一些释放，但还不完全。我求神告诉我还有没有其他的鬼，主告诉我有耳聋的灵。从这个灵中得释放时极难相信的，花的时间也最长；那股力量实际上把我的肚腹提到背部去，我真切感受到腹部似乎被连根拔起，而且我也感受到头部的压力。

我被彻底地释放了，从此才感受到美好的平安。"

第四部分
如何分辨、赶出邪灵

此部分的目的在于提供实际指示，帮助识别、对付邪灵。但这不是全备的实用指南，也不是一系列叫我们去遵从的规章。我不认为人可以设定一套指南、规章去满足所有的需求，至少，我知道我无法做到。

我们在对付邪灵的事上要着重遵从耶稣的模式。耶稣在马太福音十二 28 说祂 '**靠着神的灵赶鬼**'，祂靠着圣灵的辨别、指示、能力赶鬼。我们只有依靠同一个圣灵才能有效。

经过近三十年的事奉，我仍然不时遇到一些前所未有的困难事例。我唯一的倚靠，就是不断承认圣灵的帮助。感谢神，祂总是靠得住。

这一部分的资料来自两个方面：一是我对圣经模式、例子的研究；二是我自己帮助被鬼附之人的实战经历。

在第十八、十九章，我要分析邪灵影响人的两个主要途径，而在第十八至二十章文末则有一些基督徒对付邪灵的见证。如果接下来看随后几章，你会开始学习如何分辨你自己或他人生命中的邪灵活动。在分辨以后，你会得到装备去采取适当的行动。

最后加一句警告。我在这部分所说的话，不是暗示我们不可以接受医学界的帮助。我自己很感激医生、护士和其他帮助我的人，没有他们的帮助，也许我今天不会活着写这本书！

第 18 章
邪灵的典型活动

据我所知，邪灵或污鬼事已弗所书六 12 所说的**"天空属灵气的恶魔"**中的最低一层；被用来攻击人类（参本书第十一章）。撒旦派遣牠们有三个大意图：一是折磨人，使我们受苦；二是让我们不认识基督是救主；如果牠们做不到这一点，就进行第三点：使我们不能有效地事奉基督。

在实行这些意图时，邪灵通常是看不见的。人的肉眼看不到，但就像我们可以感受风的存在一样，也能意识到牠们的存在。其实，这是一个很恰当的比喻，因为希腊文、希伯来文的'灵'字根'风'字一样。我们从来看不到风，但可以看到风带来的影响：街上风沙四起，云彩飞过天空，树木东倒西歪，雨在眼前纷飞。这些像是'路标'，显明风的存在和活动。

邪灵也是如此，我们通常看不到牠们，但我们可以因一些典型的行为而辨别牠们的存在。以下是牠们的一些典型活动：

1、邪灵引诱人

2、邪灵搅扰人

3、邪灵折磨人

4、邪灵压迫人

5、邪灵奴役人

6、邪灵促成瘾癖

7、邪灵污秽人

8、邪灵欺骗人

9、邪灵攻击肉身

让我们来一一观察。

邪灵引诱人

邪灵劝人作恶，我们每个人都在某些时候经历过这一点。引诱常以言语形式出现：你在街上捡起一个钱包，看到里面的现金，这时就会有声音在耳边说，拿着吧！没人知道！别人也这么做，如果他们捡到你的钱包也会照样拿的。

凡有声音的都是由位格的。那声音是出自邪灵，目的要来引诱你。如果你屈服的话，撒旦会开始拆毁你的防线，你从此就不再有无愧的良心，你会知道自己有罪，这就为撒旦下一次的攻击铺路。

邪灵搅扰人

邪灵会研究你，尾随你的一举一动，观察你软弱的时候，探出你的弱处，然后找出机会溜进来。

举个例子，下列这种情况就很容易给恶者留地步：一个职员在办公室过了很糟糕的一天，每件事都出差错。他的脚在楼底扭伤，秘书把咖啡溅到他身上，空调又坏了，一个愤怒的顾客进来威胁要向上司告他。在回家的路上又遇到塞车，堵在路上一个小时，等他终于到家时，晚餐还没有做好，孩子们跑来跑去大声尖叫。这时候他失控了，开始向全家吼叫起来。

他原是一个很和善、温柔的人，此时妻子、孩子顿时惊讶得愣在。他道歉之后，全家人很快就原谅了他。他的爆发也许只是出于失控，然而愤怒的灵会观察，然后静待类似的机会。当他再次失控时，这灵就会抓住那毫无防备的一刻钻进来。

很快地，他的妻子留意到他的改变，尽管他对家人的爱并未改变，但有时候会有别的东西取代这爱，他的眼睛里开始有奇怪的光闪烁。当愤怒的灵控制他时，他会虐待自己最爱的家人。过后，他又恨自责，很懊悔地说："我真不知道是什么叫我这样做的。"

这只是一个例子而已。邪灵有很多方式搅扰人，牠们会千方百计寻求人软弱的地方和软弱的时机，然后乘机溜进来。

邪灵折磨人

耶稣说到这样一个比喻：以前有个仆人欠主人几百万元的债，主人宽容了他，但是他反而不愿宽容一个只欠他几块钱的仆人。这比喻的结果是，那不愿宽容的仆人得到了应有的审判："**主人就大怒，把他交给掌刑的，等他还清了所欠的债。**"（太十八 34）接下来的一节，耶稣把这个比喻用在所有的基督徒身上。祂说："**你们各若不从心里饶恕你的弟兄，我天父也要这样待你们了。**"

我相信那'掌刑的'就是邪灵。我遇到过几百个基督徒只因一个简单的原由就落到'掌刑的'手里，那就是：不饶恕。他们从神哪里得到了彻底的饶恕，神宽恕了他们无可算计的罪债，但是他们却拒绝宽恕另一个类似的过犯，这过犯有时是真的，有时不过是设想的而已。

当耶稣教导门徒如何祷告以后，祂只加了一个评论：

"你们饶恕人的过犯，你们的天父也必饶恕你们的过犯。你们不饶恕人的过犯；你们的天父也必不饶恕你们的过犯。"

（太六 14 – 15）

我们可能会受到各种形式的折磨。如身体上的折磨，像关节炎使人深受痛苦，叫人残废，束缚人的行动自由。我的意思不是说所有的关节炎都由邪灵引起，但是，关节炎常与憎恨、不饶恕、苦毒的内在态度相关连。这一点颇值得深思。

还有一种是精神上的折磨，其罪普遍的形式就是精神失常。我很惊讶的发现，有许多基督徒受到惧怕的折磨，通常他们不好意思承认。正如引诱人作恶事一样，这种邪灵的攻击也会以言语的形式出现：

"你姑姑才刚送进精神病院，隔壁邻居也精神崩溃过一次，下一次就轮到你了。"通常这种惧怕是控制人的邪灵的工作，祂们不断以此攻击人的心思。"

另一种形式的属灵折磨则是一种内在的谴责："你犯了不可饶恕的罪。"每当有人告诉我，他一直受这种想法袭击时，我总是这样回答说："那只不过是撒谎的灵在谴责你。如果你真犯了不可饶恕的罪，你会变得刚硬而满不在乎。既然你很在意，就证明你并未犯不可饶恕的罪过。"

邪灵压制人

'受强制'这个词是邪灵活动的最典型证明。每个强制行为背后，都有一个相应的邪灵，如习惯性抽烟、酗酒、吸毒等。这类活动会在人的大脑产生一种化学反应，使人在某方面软弱，邪灵就得以乘虚而入。

习惯性的暴饮暴食也同样是由邪灵引起的。但是贪食貌似'体面'，你也许在现代教会中不大看到酗酒成性的人，但贪食的人却四处都是！习惯性的暴饮暴食通常始于失去自制，然后，贪食的灵有一天就溜进来了。

基督徒通常不愿意承认自己贪食成性，但是，承认罪是得释放的关键。

有一回在释放聚会之后，一个妇女来到我面前，承认自己有贪食的灵。在她得释放时，她吐得一地都是，使她觉得很窘。当然，每个人都很关注地毯的保养。后来，我对自己说："哪一个更重要呢？是一个干净的地毯、不洁的妇人，还是弄脏的地毯、洁净了的妇人呢？"

受压制有许多种表现形式。一是饶舌——喋喋不休，无法自制。圣经中对此有许多警告："**多言多语难免有过；禁止嘴唇是有智慧。**"（箴十 19）多言总会导致犯罪。雅各书一 26，如果一个人 "**不勒住他的舌头，……这人的虔诚是虚的**"。如果你不能控制己的舌头，你会为邪灵开路。有二种邪灵会乘机进来，一是闲言，二是论断。然而，这二种灵在宗教圈里都很自在！

我们都需要停下来省查自己：我做的事是否出于强制的？我们会把这些事当作习以为常而不再警觉，但却很可能是邪灵作怪。

邪灵奴役人

让我们从教会中很少谈及的'性'的领域来举例。例如，你曾犯了性方面的罪，但你悔改了，也满足神赦免的条件。你知道自己不但得了赦免，还被称义了，正如罗马书八 30 中所说的，神称你为义了。尽管你憎恶这罪，但你却仍有强烈欲望想要犯同样的罪。你很确信自己这方面的罪已经得赦免了，却没有摆脱这罪，还是受它的奴役。

一个普遍的例子是手淫（自慰）。有些心理学家说手淫是很正常，有利于健康，我们无需为此争论，我只知道千万个手淫的男男女女很恨恶自己有这样的行为，每次他们都说："下次不再犯了！"但是却连接发生，因为他们受到奴役。"

我在第五章举了罗杰的例子，当时我和利迪亚没能帮得了他。多年之后，我在世界各地主持释放聚会时，常听见人们或男或女，说罗杰所说过的话："我能在手指间感觉到牠，我手指很痒，开始僵硬起来了！"

感谢主，我已得着答案！如今我在教导中会告诉么："你可以从手淫中得释放，只要下定决心，奉主耶稣的名抵挡牠，从手指间甩掉牠，直到你感觉到手指的自在为止。"

多年来，我看到成百的人从手淫之灵的折磨下得着释放。婚姻不一定能解决手淫的问题，第十四章的见证就是很好的例子。如果夫妻中的一个人仍有手淫之灵，邪灵会寻求应当属于妻子或丈夫肉体上的满足。这也许是为什么一些婚姻无法使双方得着肉体上的满足的原因之一。

当邪灵的压制和奴役结合在一起的时候，就导致一种更深的奴役。

邪灵促成瘾癖

我发觉上瘾常是另一个较大枝干的旁枝，为了帮助别人，我们来看瘾癖背后的问题。造成瘾癖的两种普遍情况是：个人不断受挫，和情感深处的需要没有得到满足。

有二个已婚的妇人，一位属于圣公会，一位是神召会的会友。两人都意识到自己的丈夫在追求其他女人，丈夫任意浪掷家用的钱，而且对自己的家一点也不感兴趣，他们两人都拼命找其他的慰藉。

那位圣公会的姐妹因此酗酒成性，而那个神召会的姐妹虽没有酗酒，但却吃光冰箱所有能吃的食物而得了贪食症。

这两个妇人都无法完全从瘾癖中得释放，无论是酗酒还是贪食。除非造成瘾癖的根源，即她们对丈夫行为的灰心得到对付。最好的解决方法是丈夫悔改，他若不悔改，做妻子的除非饶恕他，放弃苦毒与恨恶，否则她们得不到释放。

今日美国百分之五十的家庭都是单亲。导致的结果是，许多伴侣内心深处的感情需要就得不到满足。如果一个人感到被出卖，不论被母亲或父亲、丈夫或妻子，或朋友隔绝时，他（或她）会转向养狗或猫等宠物作伴。这种求伴心理也会导致一种瘾癖。

几年前，路得认识一个耶路撒冷的妇人叫朱安娜，她已失去所有的亲人，却在家里养了十七条狗。每看到一只流浪狗，就把它带回家。不论她走到哪里，这些狗就跟到哪里。有些狗还与她同床睡觉。她其实是患了爱狗的瘾癖。

后来，朱安娜突然住院。她的狗像疯了一样，它们不停地跑来跑去，大声吠叫，最后有个邻居受不了，就把她的狗都毒死。不久之后，朱安娜也死了，因为狗都死了，因此不再有什么盼望可以叫她继续活下去。

有时候，我们自己可能不会染上瘾癖，但是，我们可能导致别人染上瘾癖。过度忙碌的父母会很惊慌地发现，他们十几岁的孩子开始吸毒，这些毒品在市场上太容易买到了。等他们发现已太晚了，他们的儿子或女儿已转向毒品，取代他们忙得不能给子女的爱心和陪伴。

凡使人受压制、奴役的都是瘾癖，没有特定形式。哥林多前书六 12 说：「凡事我都可行，但不都有益处。凡事我都可行，但

无论哪一件，我总不受它的辖制。"这可以让我们对瘾癖下一个符合圣经的定义：一个有瘾癖的人是受到无益的能力辖制。由此可见，瘾癖是邪灵的活动引起的。

人们为了寻求解决问题的方式，常以一种瘾癖交换另一种瘾癖，例如，一个戒烟的人会很快地变胖，因他（或她）以贪食交换尼古丁。

色情是瘾癖的一个可悲的例子。受色情奴役的人会被迫打开电视，转向有关频道，以满足里面的邪灵。他很难不对一些商店陈设的杂志或影片瞧上一眼，那些东西会像磁铁般吸引他。有个牧师对我说："我出外旅行时，邪灵会在凌晨二点钟叫醒我，那是放色情片的时间，我不得不打开电视，因我无法自制。"当这个鬼被赶出时，他全身剧烈振动。过了几年后他告诉我，他当时就完全得自由了。

电视是很多人都有但却鲜有人承认的瘾癖。有些人走进房间就要打开电视，这动作不是出于理性。这种人不知道自己想要看什么，只是不假思索地伸手打开电视机，就像一个酒鬼伸手拿起酒瓶一样。从长远来看，对电视上瘾的社会所承受的结果，会比酗酒成性更具有灾难性。

现在，互联网也带来大批上瘾的人。这些人被视为'上瘾'，是因为他们脱离了社交，上瘾而难以自制。心理学家发现，对网路上瘾的人包括家庭主妇、建筑工人、秘书等，网路上瘾使他们工作水平降低，甚至婚姻破裂。

还有些不知道怎么称呼的瘾癖。我和利迪亚曾帮助过一个五旬节教会的妇女，她对闻指甲油有一种难以自制的渴望。她告诉我们："我一走进商店的化妆品部，就只有两个选择：买指甲油，或者跑出商店，只能二选其一。"当她得到释放以后，那邪灵把她摔在地上，出来时连喊带叫，正如马可福音一 26 所形容的那个人一样。

另一种比较熟悉的瘾癖，是吸食强力胶或同类的产品。这在年轻人中很普遍，而且通常父母都没有察觉。有些瘾癖是更有力、更具危险性，也都毫无益处。两种公认的饮料会引起瘾癖，一是咖啡，二是不含酒精的饮料，尤其是含咖啡因的饮料，如可乐。据统计，美国人评价一个人一年消费约五十加仑不含酒精的饮料。有时候一个人若停止喝咖啡或可乐，会经历戒毒之人多经历的类似不适症状。

影响一个产品销售量的关键因素之一在于它是否使人上瘾。一旦一个人上了瘾，生产者就能保证有长久的生意可做。有些美国的烟草公司承认，他们蓄意改变尼古丁的含量，以确保人吸了就上瘾。

邪灵污秽人

邪灵污秽人不是一个令人惊讶的事,因圣经称他们为'**不洁的灵**'。我们的思维是邪灵污秽人的主要领域,他们攻击我们的心思意念,可以表现在不纯洁的想法、淫念、性幻想等等。特别是在我们想要将注意力集中于神的事之时,如在敬拜神、读经时。在这些场合,头脑会产生这些强烈的淫念与冲动,显然是处于邪灵,他们敌挡我们与主交通。

人的个性中，另有一个常被邪灵玷污的领域，那就是言谈。有许多人，不管是男是女，甚至孩子，他们说不到五句话就必须带上脏话或亵渎的话。二次世界大战期间，我在英军的五年半里，周围全是这样的人。其实，在主救赎我之前，我也是其中之一。

这其实是我得救时的一个有力的超自然因素。前一天我张口闭口都是亵渎神、咒诅人的话，到了第二天，这些话却不再能从我的嘴巴中出来了。这不是我努力的结果，而是自然消失了。直到后来我才意识到，是神超自然地使我摆脱了污秽的灵。亵渎和说不洁言语的灵必须离开我，就像瑜伽的灵非得离开一样。

邪灵欺骗人

我相信每一种形式的属灵欺骗，背后都有邪灵的活动。保罗在提摩太前书四 1 说："圣经明说，在后来的时候，必有人离弃真道，听从那引诱人的邪灵，和鬼魔的道理。"

我已在第十六章提过，一个人如果已经进入真道，还是可能离开。这些基督徒受引诱离开了纯正的圣经信仰，转向一些错误的教义中去了。我相信属灵欺骗，是今天这个末后世代威胁基督徒唯一的最大危险。每一种欺骗的背后又有一个相应的鬼魔。任何贬低神的圣洁，或攻击基督的神性与事工，或无视圣经权威的教义都是属鬼魔的。(这些都已在第十六章的'另一个耶稣'中做了相应解说。)

使徒犹大早在第一世纪就劝勉当代的基督徒说："……**要为从前一次交付圣徒的真道竭力地争辩。**"(犹 3) 自犹大时代以来，这种竭力为真道争辩的必要性与日俱增。

然而，鬼魔的欺骗远远超过扭曲的教义，或已脱离基督徒信仰的轨道，这些包括所有撕弃圣经中心的真理，尤其是有关耶稣基督的宗教、邪教或哲学理论。我们应当记住，鬼魔总想设法掩盖或扭曲耶稣的本像。

邪灵攻击肉身

在第二十章，我会进一步找出鬼魔与疾病的相关之处，这里我只稍微提一下邪灵可能影响肉体的其他途径，例如疲乏。几年前我参与帮助一个妇人得释放。才开始不久，她就说："我受不了了，我太累了，熬不住了！"我开始为她担心。然后我开始怀疑是恶鬼在说话，还是她在说话，于是，我对牠发出挑战，那鬼回答说："对，她总是很累，她起床时也累，上床时也累。累得不能祷告，不能读圣经。"

看来，这个鬼事在掩护其他的鬼，如果牠能说服我就此停止，其他的就不用面对耶稣圣名的权柄而被赶出去。一旦认出这个轨迹，我就把这个疲乏的灵赶走，然后其他的鬼也都一一出来了。

鬼魔能带来的另一种身体现象，是不自然的困倦。以赛亚书二十九 10 提到'**沉睡的灵**'。有时候，一个基督徒想要在晚上十点读经或祷告，但他在十点十五分就睡着了，然而他却可以看电视到凌晨都没问题。许多基督徒见证受一种超自然势力的影响，使他们不能读经、祷告。

不自然的睡眠，也可能是一种逃避不愉快环境的途径。有个妇人有时在家遇到压力时，能持续睡十六个小时。当那恶魔被赶出来时，牠抗议道："你不能把我赶出啦，我是她的救星！"这鬼魔强词夺理，睡眠使这妇人逃避生活中不愉快的现实，是一个假救星！

如果越过本章所列的鬼魔活动的独特症状，我们可以分别出这鬼附之人的一般特性，就是坐立不安。如果一个人在动荡的环境中仍能保持平静安稳的态度，就可能没有受到邪灵干扰了，但这种人并不多！

从死亡之灵手中得释放

以下见证出自一个美国商人，他经历了从死亡之灵中得释放：

"约三年前，我开始不假思索地想死。这鬼魔以一种属灵经历作为掩护而临到我，像是出自神的指示。基本上牠给我的印象是，我会在六十岁之前死去，要不就在三年内，所以我应当为自己的生命打算。然后我看到一个异象，是一具尸体在棺材里，一开始认不出，但渐渐地显出是我。这印象逐渐明显起来，我开始相信是神在指示我，我会在三年内死去。所以，我着手作一些适当的准备，如花两天时间看看我的长子，告诉他这个'好消息'，给家中其他人写信准备；并修改遗书。

我开始过'活着等死'的生活，这种生活态度影响一个人生命的方方面面。近年来，我已变得对死亡很熟悉了。自从我在一九六四年成为信徒以后，我一个接一个地失去亲人：年迈的祖父母、三十三岁过世的妻子、七岁在龙卷风中过世的儿子、六十八岁过世的父亲、四十一岁过世的兄弟、一个在四十一岁过世的外甥、一个十岁在车祸中过世的侄子、一个因事故而致流产的六周大孙女，此刻我另有一孙女患有纤维囊肿。而我的母亲早在四十一岁就过世了，此外我的岳父也早已过世了。另有个亲友，他也是我的生意合伙人，在一九八八年从楼梯上摔下来死亡。我变得习惯于应付死亡及后果，而且我以为神给我这恩赐，要我在那关键时刻为祂作见证。

早在一九八七年初，我开始减少参加许多属灵活动，并对自己的生意抱持消极的态度，身体也日渐衰弱。一九八一年我作过心脏手术，出院后神采奕奕。但一九八七年起，冠状动脉开始堵塞；我第二次经历开心手术，取代一九八一年手术过程的三条血管病另加一条心血管。

后来我报名参加你在一九八九年十一月十九日举行的聚会。叶光明先生，当你开始说到死亡之灵时，属灵启示就像一个巴掌打在脸上。你一开口说出死亡之灵这几个字时，我立刻明白自己一直在纵容祂，祂过去欺骗我，而且当时仍在骗我。一阵大咳后，我从中获释了。(我得强调，咳嗽时很痛，因为我刚动过心脏手术。)我选择了生命，不是死亡。我从死亡的灵中获释了，毫无疑问地，当场我就获释了。

此外，在你谈到咒诅时，我开始相信我先前对死亡熟识并不是偶然的，而是出于咒诅，这咒诅传到我的孩子和他们的孩子身上。我已决心要采取适当行动，废掉这咒诅。

经历释放和破除生命中的咒诅，就像是得到复活一样。我从前是活着等死，现在我要'**存活，并要传扬耶和华的作为**'(诗一一八 17)。"

第 19 章
受邪灵侵害的个性领域

箴言二十五 28 说："人不制伏自己的心，好像毁坏的城邑没有墙垣。"所罗门在这里把人的个性必为一座城，一座墙垣都崩溃了的城。所罗门描写的这种人没有内在防御力。

譬如一个吸毒的人，他的个性已经被彻底毁坏，以致各样的鬼可以自由出入，因他抵抗邪灵的防线倒塌了。这样的人需要的不只是一次的释放经历，他乃是需要经历一个重整的过程，再建属灵的墙垣。这过程可能长达几个月或几年。

这城邑的比喻可适用于受毒品奴役的人。我们每个人都类似一个大城邑，有不同地区和不同的居民。就像芝加哥有许多百货公司和时装店，也有公共汽车、火车站、银行和商务机关，其中有一条街是妓女、同性恋者经常出入的地方。也有一些种族区，主要居民有波兰人、瑞士或犹太人，有豪华住宅区，也有贫民区。

我要以城邑的格局为例，在此简单列出一些人个性的主要区域，并且指出占据每个区域的邪灵类别。我相信这样能帮助你做进一步学习、默想的祷告。

1、情绪、态度

2、心思意念

3、舌头

4、性

5、物质欲望

然后，我会在第二十章专门谈邪灵侵袭肉体的方式与方法。

情绪、态度

人在个性的领域受到无数邪灵的侵袭，每一个消极的情绪或态度都为一个相对的鬼开门。我在前面提过，一个大发脾气的人或突然受惊的人，不一定是受愤怒之灵或害怕之灵的影响。但是，如果这些情绪变得难以摆脱或变成习惯性时，就很可能就是有一个邪灵。而邪灵通常都会集体活动。典型的情况是，某一种邪灵作开门的，把门大敞着，让一系列的鬼跟着进来。一个最普遍的开门鬼是被弃绝——一种没人要、没人爱、不重要的感觉。

每个人一出生就有深切的渴爱。想要被爱，被人接受，这种渴望是与生俱来的。没有爱，人的心就会受伤。第十三章谈论过一些可能招致受伤的原因：也许是母亲在怀胎时就不想要这孩子，或者父母不爱孩子，或者也许是他们不知道怎样表现出爱意，未表现出来的爱不能满足孩子的感情需要。另外，被弃绝感也会因一种亲密关系的破裂而造成，也许是离婚，不论事什么原因造成的，被弃的灵就已经进到人里面了。

人对弃绝通常有两个不同的反应，一是被动的。这种人会屈服于这种景况，继续带着伤痛活下去，但会愈来愈不快乐并离群。另一种反应是变得爱挑衅。这种人采取满不在乎的态度与人、与事对抗，渐渐就养成一层坚硬的外壳。

如果一个人对被弃的反应时消极的，接下来挤进这大门的一群邪灵会有以下几种或全部：自怜、孤独、痛苦、忧虑、失望，甚至自杀。我相信几乎每个自杀的案例都是由一种邪灵促成的，显然自杀的灵不是因为一个人已经自杀了才进去的，而是牠进来后驱使人自杀的。

谋杀的灵也是这样。牠进来不是因为一个人已经犯了谋杀罪，因为圣经把谋杀说成是一种内在的态度：**"凡恨他弟兄的，就是杀人的。"**（约壹三 15）

一个有过堕胎经历的妇人几乎肯定有个谋杀的灵，即使她没有意识到她夺走了一个人的生命。她惟有承认、悔改这罪之后才能得释放，使她堕胎的人也一样。

另一方面来说，如果一个人对被弃的反应是变得爱挑衅，就会为以下一系列的邪灵开门，包括愤怒、憎恨、悖逆、邪术、暴力，最后是谋杀，撒母耳记上十五 23 的经文说到：**"悖逆的罪与行邪术的罪相等。"** 当人开始悖逆时，邪灵很可能紧跟，这一点可以由六〇年代许多叛逆青年的例子为证，他们几乎每个人都参与了邪术。感谢主，我亲自看到成百个这样的人荣耀地得救、获释了。

我曾今花了一段时间帮助一个年轻人，他的生命很生动地印证了被弃后变得爱挑斗的结局。在他十五岁时，他母亲对他说了一句话，使他觉得她对他毫不关心。他回到自己的房间，倒在床上，声嘶力竭地哭了约半个小时。然后他去到他母亲那里，当着她的面说："我恨你。"此后，他开始吸毒，许多邪灵因此进到他里面，以致他变成美国大城市中一个恶名昭彰的黑帮角头。

感谢神，那不是故事的结局。当他遇到耶稣之后，他得释放了，经历了新的改变。他成了一名牧师，帮助许多人从毒品与邪灵中得释放。

心思意念

这也许是人们个性中的一个主要战场。典型的邪灵有疑惑、不信、困惑、不饶恕、犹豫不决、妥协让步、人文主义、精神错乱等等，通常最需要用脑力的人最容易受这种邪灵的攻击。

我记得一个传统教派的牧师来找我作属灵辅导，他既温和、谦虚又有礼。我好他谈了一会儿之后，说："我相信你的问题是妥协。"他回答说："是的，那一直是我的毛病。"我说："可能是邪灵的作为。"我们祷告求释放，这鬼显出惊人的大力，把牧师从书房的一边扔到另一边，但最后牠终于从里面出来了。

另有一个叫克里斯多弗的博士候选人，他来参加一个周末聚会，我是这个聚会的议员之一。他听说过我的释放事工，但来参加聚会之前发誓说，他离开聚会时会跟来的时候一样。他好几次来听我的教导，观察所有发生的事。但正如他所发的誓言，他离开时跟他来的时候一样。然而，在他回学校的飞机上，他的头剧痛起来，他以为自己会死掉。在剧痛中，他开始祷告，神指示他有怀疑的灵。此外，他意识到这鬼进到他里面的时间。当有一次他的同学嘲笑他是基督徒时，对他说："你真相信基督用五个饼、两条鱼喂饱五千人的事吗？"他回答说："基督有没有做过这事并不重要，这不影响我对祂的信仰。"他一下意识到，当时这话原来为怀疑的灵打开了大门。

在他极端痛苦时，不得不大声求主释放他。然后他觉得那鬼从他左耳中出来了。之后，他转身对坐在旁边的陌生妇人说："我相信耶稣基督用五个饼、两条鱼喂饱了五千人！"

克里斯多弗很偶然地发现了一个重要的属灵原则：当我们说错一句话而为邪灵开门时，就需要说正确的话，以取消说错的话。彼得三次不认主，后来主复活后令彼得说三次他爱主，以取消先前的否认（参约二十一 15-17 节）。

舌头

另有一个人在心思意念或舌头活动的邪灵，是撒谎的灵，它可以对人的思维说话，或透过一个人的舌头说话。关于前一种情况，我记得从前有一个妇人来找我帮助。她抱怨说："我寻求救恩已六个月了，可以我就是不能得救！"我问她参加哪一个教会。当她说出那个教会时，我认出她去过的教会都传讲纯正的、符合圣经的救恩信息。

我没有对那妇人说什么，但我默默地奉耶稣的名，捆绑那对她的意念说话的撒谎之灵。这灵一直对她说神不爱她，她不得救。然后，我带她作了一个很简单的得救祷告。她很快就得着救恩的确据，实际上这是她从未失去过的。

我在此操练了 [捆绑、释放] 的权柄，这是对付邪灵的一个很重要的工具。马太福音十二 29 提到，耶稣从一个人身上赶走污鬼时说："**人怎能进壮士家里，抢夺他的家具呢？**"除非先捆住那壮士，才可以抢夺他的'家财'。"如果有'一群'邪灵的话，那个 [壮士] 通常是头，由它控制其余的邪灵。在释放过程中，这鬼通常是头，由它控制其余的邪灵。在释放过程中，这鬼通常是一个出头露面的。

后来在马太福音十八 18 中，耶稣给门徒'捆绑'、'释放'属灵势力的权柄："**我实在告诉你们，凡你们在地上所捆绑的，在天上也要捆绑；凡你们在地上所释放的，在天上以要释放。**"

这捆绑与释放的权柄用来对付邪灵很有效，但使用时需谨守重要的属灵原则（第二十五章会列出这些属灵原则）。

那妇人身上的撒谎之灵以前一直对她的意念说话。反过来说，这撒谎之灵也会藉一个人的舌头说话。譬如有些人是惯于撒谎的，他们意识不到自己里面有撒谎的灵，通常他们甚至不知道自己在撒谎。

罗蓝是一个基督徒商人，他曾来探访过我和利迪亚。当他坐在客厅里时，他的言谈变得愈来愈有趣，愈来愈玄。过一会儿，我的脑子开始晕了，我开始自问道："他相信他所说的话吗？我相信他的话吗？"但他显得十分真诚，一点没有意识到他在撒谎。

后来我才发觉那灵是怎样进入的。罗蓝的父母很富有，他们没有生育，罗蓝是他们的养子。他们对罗蓝的期待很高，如果他在学的成绩很不好，父母会表现得很失望。所以，他开始为成绩撒谎，终于他变得撒谎自如，甚至不知道什么时候这灵进到他里面控制他。我后来失去了与罗蓝的联络，并不知道他有没有得释放。

张口闭口撒谎的人受撒谎之灵的控制。他们自欺欺人，甚至可以瞒过测谎器。在舌头方面另有一些邪灵，包括夸张、闲言、论断、毁谤。夸张之灵专门针对传道人，而闲言与论断则在教会里很普遍。

性

有些基督徒把性当作是不洁的事，连想到这事都会觉得羞耻，更不能坦白地谈论。但是，这并不符合圣经的态度。神创造了亚当、夏娃，使他们有性爱关系，然后说它所创造的一切都很好，显然这也包括性（参创 -31）。

然而，人若对性的欲望很强，这就成了撒旦的主要攻击目标。牠知道如果牠能控制住这个领域，就得了一个有力的工具，去影响了人的行为举止。

我发现，几乎每一种强迫式的性心里失常，都是邪灵压力的结果，这包括手淫、色情文学、婚姻前性行为、奸淫、亲男色、同性恋、娘娘腔以及其他形式的性反常行为。保罗在以弗所书五12中说到这些事时说：**"他们暗中所行的，就是提起来也是可耻的。"**

这些邪灵可以用不同的方式进入人体。我记得一个已婚妇人，是一个主流派的主日学老师，她向我和利迪亚承认她犯了两次奸淫。显然她很觉得羞耻，也很悔悟。在寻求她这种强迫式性行为的来源时，我们得知在她母亲怀她时，她父亲与别的女人有淫乱的关系。看来好像是她父亲身上淫乱的灵在那里进到她里面。于是我和利迪亚就此为她祷告，她就得着极大的释放。

她随后向我们说："我有必要向丈夫承认我过去的行为吗？"然后她又加上一句，说："他是军人，身上总是带着手枪。"

我回答说："这个决定得由你自己做。我们不能为你做决定。但我相信，除非你与丈夫之间有绝对的诚实，否则神不会丰丰富富地祝福你们的婚姻。"

后来，她向丈夫坦白，他原谅了她。她告诉我们，自此他们的婚姻关系比以往要好多了。

受孕那一刻很关键（华人从此刻开始计算一个人的年龄），婚外受孕的孩子常生来就有婚外性行为的灵附在身上，这迫使他们长大后也犯同样的罪。

物质欲望

这是另一种招惹邪灵的领域，最基本的方面是吃、喝。一般的基督待以为这只是纯自然的领域，没有什么属灵意义。但是新约描写这些活动，是基督徒生活方式的最重因素。

例如，使徒行传二 46-47 说到五旬节那天加拉太教会新信徒的情况：**"他们天天同心合意恒切地在殿里，且在家中擘饼，存着欢喜、诚实的心用饭，赞美神，得众民的喜爱。"** 这些基督徒在一起吃喝，对他们未信主的邻居形成一种见证。但今天的基督徒能有同样见证吗？

另外，在哥林多前书十 31，保罗说：**"所以，你们或吃或喝，无论做什么，都要为荣耀神而行。"** 这就引出了一个很实际的问题：暴饮暴食能荣耀神吗？

这一点特别针对现代的基督徒，因现代生活饮食过度已经是很平常的事了。有多人少会考虑到，他们可能因此被暴食之鬼奴役呢？这显然可以解释为什么许多人不断变化节食方式，却仍然难以达到稳定的适当体重。这些人受食物捆绑一样。而且，贪食对灵性、身体的危害，并不小于尼古或酒精。所罗门的一段祷告极适合受食欲捆绑的基督徒：

"要给我们擒拿狐狸，就是毁坏葡萄园的小狐狸，因为我们的葡萄正在开花。"（歌二 15）这里的'正在开花'，也可作'正在结嫩果'。这些像小狐狸般的邪灵，看上去不重要，但可以毁坏属灵果子的培植，其中一个属灵果子，也是最容易受小狐狸偷窃的，那就是'自制'的果子。自制纵欲不能并存，我们当记住耶稣的警告：**"盗贼来，无非要偷窃，杀害，毁坏。"**（约十 10）邪灵可以藉不同欲望或贪欲，包括酒精、尼古丁或食物来进入人体。但不管它们藉什么管道进来，都有一个共同的动机，就是尽量破坏。

通常得着释放的一个不为人知的障碍，就是骄傲。一般纯粹作礼拜的人，很难切实正视自己的问题，而不加以隐藏地承认有必要从邪灵中获释。那个妇人身上贪食的鬼，藉着呕吐从人体出来时，的确使她很窘迫。但是暂时的窘迫比起一生受捆绑，所付的代价要小得多，因为贪食的结果既令人羞愧又残害人。

除了这些肉体的情欲之外，还有约翰壹二 16 所提的 **'眼目的情欲'**。有些鬼是从眼睛这扇门进来的。我们已经提到过，一种常藉大众媒体传递的鬼，就是色情。这词从希腊文的 [妓女] 字根演变而来。有些人藉眼目行淫。在马太福音五 28，耶稣说有一种犯奸淫的方式，是透过眼目："……凡看见妇女就动淫念的，**这人心里已经与她犯奸淫了。**"我很惊讶地发现色情刊物对教会竟有如此强大的影响力。

然而，情欲有多种表现形式，可以侵入男男女女。保罗在提多书三 3 中说自己也曾是"**无知、悖逆、受迷惑、服事各样私欲，和宴乐……**"。神的恩典何等奇妙，祂为这些受邪灵网罗的人提供了释放的途径！

以下是美国佛罗达州，一位牧师帮助一个年轻同性恋患者得释放的经历。他的描写很生动：

"那个青年人边哭边对我说："牧师，真得有人要帮帮我了！我能再这样下去！"他坐在宽大的椅子边，弯下腰来。然后，他接着说："两年前我重生了。我真爱主，但我仍然恋慕别的男性。"我们静坐在一旁，等他重新镇静下来。"我在得救之前，是一个同性恋患者。自重生之后，我没有再犯这个罪——但这渴望仍在我里面，我担心自己无法再控制得住。我去求牧师帮我得释放，但他说基督徒不可能有同性恋的邪灵，并说我只需要自行控制。""

他看着我，脸上满是忧虑。"但自制不是答案！我知道身体里面有异常的灵，它明明就在那里！我的惟一希望是得释放，你能帮我吗？"他又哭泣起来了。

我等他再次镇定下来后，对他解释道："我希望基督徒对邪灵侵害有免疫力。但不幸的是，我们的身体没有像哥林多前书十五 54 所说的那样变成不朽坏的。我们这必死的身体还没有变成不死的。在那之前，我们的意念，身体都依然易受敌人侵害。哪里有罪、有疾病，邪灵就可以到哪里。如果基督徒犯罪、生病，他也可能受邪灵附身。"

他很仔细地听着。"要得着完全的释放，你必须要继续参加一系列跟进辅导，这不是一次就可以解决的事，因耶稣警告说，当污鬼离开那人时，它去干旱之地找歇息的地方。没有找到，过后它又回到那人身上，又重新进去了。如果它成功了，那人末后的景况比先前更糟糕。你绝对需要谨防有这样的事发生，因此你必须保持与主亲近，与其他被圣灵充满的信徒有团契生活，并真诚地大量读圣经。若能做到这些，便可坚固你与主的关系。"

他同意了。我接下来说：

"请你坐好，仔细听我要说的话。如果你照神的要求去做，你就会获得自由。圣经应许说，凡呼求主名的人，必然得救。那应许不会令你失望，神会成就它对你的应许。你只要保证完全顺服于它。"然后，我领这年轻人做一个宣告，弃绝他以前参与过的每一种秘术和不洁的活动。然后用口说出宽恕每一个得罪他的人，包括那个在他孩提时代，在性方面污辱过他的男人。

我解释道："宽恕他们并不意味你同意他们所做的事。只是表示藉着人的宽恕，你能斩断那根带的绳子，就是那根把你与他们为你生命带来的伤痛而连系在一起的绳子。"

我又继续说："这一点很重要。你应当知道，我会直接跟那邪灵说话，不是针对你，你必须仔细听，但要避开，不要保护牠。"

他靠向椅背，闭上眼睛，我们就开始释放工作。

我以轻微，但满有权柄的声音，开始向那鬼引用圣经。我选择一些经文，提醒地撒旦已失败，耶稣已得胜。一如希伯来书二14－15所说的："**儿女既同有血肉之体，它也照样亲自成了血肉之体，特要藉着死败坏那掌死权的，就是魔鬼，并要释放那些一生因怕死而为奴仆的人。**"

我提醒那鬼，牠没有能力阻止这事工的成就，就像牠不能阻止耶稣复活一样。我用马可福音十六17的话对那鬼说："**因为耶稣说：信的人……奉我的名赶鬼。**"另外，路加福音十19，主又说："**我已经给你们权柄，可以践踏蛇和蝎子，又胜地仇敌一切的能力，断没有什么能害你们。**"

我约花了二十分钟这样教导经文，接着又引用哥林多后书十4－5上的话说"**我们争战的兵器本不是属血气的，乃是在神面前**

有能力，可以攻破坚固的营垒，将各样的计谋，各样拦阻人认识神的那些自高之事，一概攻破了……。"

好几次那年轻人只是对着我，用一种挑逗且性感的表情对着我笑，我意识到这是那鬼在作怪，我还是照样继续。突然在我引用罗马书十六20时，一件事发生了。我说"**赐平安的神快要将撒旦践踏在你们脚下**"这时那人侧过身来，用双手紧紧抓住椅子扶手，开始像患癫痫的病人那样猛力摇晃。他的身子突然向前倾斜，做猛烈敲打的姿势，同时向两边摇动。我抓住他的腰，尽量扶住他，那样子丑陋极了。是的！邪灵本身就是丑陋的。

从他身上发出来的声音同样惊吓，那声音像一只受伤的公牛从他身上吼叫出来。腓利在撒玛利亚传道的情景突然涌到我心里："……**那些鬼大声呼叫，从他们身上出来。**"（徒八7）马可福音九26记载了耶稣释放那受害的孩子："**那鬼喊叫，使孩子大大地抽了一阵疯，就出来了。**"我不断斥责那鬼，它则持续摇晃了几分钟，我不断命令牠安静下来，离开那人。然后，跟摇晃的发生一样突然，那年轻人猛地瘫回椅子上，精疲力竭。房里顿时静了下来，那鬼离开了。慢慢地那年轻人很敬畏地把双方高举至头顶，做崇拜的姿势，他又哭又笑地说："它走了！它走了！我察觉到它走了。赞美主，我自由了！它出去了！"

过一会儿，他从椅子上站起来，从办公室这边走到那边，一边歌唱，欢呼，大笑说："感谢你，耶稣！牠走了！牠离开了！谢谢你，耶稣！"

在那短短的一段时间里，折磨人的同性恋生活方式结束了，只留下一点点记忆。我有特别的理由与这年轻人一起欢呼。近三十年的传统事工中，我一直没能帮助这样有沉重负担的人。我只能眼看教会会友，被一些事撕裂而站在一边束手无策，而这样的释放事工能轻易地解决这些问题。有些人甚至因此死去，这种事在牧师当中是很普遍的失败，但随着我领受圣灵的洗，并学习释放的服事，我得到了彻底的改变。感谢神，这年轻人没有因我过去的失败而成为牺牲品，真理使他得自由了。

第 20 章
病魔

另一个需要考虑的部位是身体。在第三章，我指出耶稣未明确区分医病和赶鬼。

在路加福音四 40 - 41，路加描写了耶稣第一次的医病服事：

> "日落的峙候，凡有病人的，不论害什么病，都带到耶稣那里。耶稣按手在他们各人身上，医好他们。又有鬼从好些人身上出来，喊着说，'你是神的儿子'。"

这里的记载显然告诉我们：许多疾病是由邪灵造成的。

我相信邪灵几乎可以说是每一种身体疼痛和疾病的原由。但是，我们需要辨别的能力，以便区分是由邪灵造成的疾病或疼痛，还是纯粹是因身体虚弱引起的。你也许很难想像，一个邪灵怎能占据人体这么有限的空间呢？但是不管我们明不明白，事实是可能的。圣经已清楚描写。福音书记载耶稣藉着赶鬼，医治耳聋的人和瞎子（参太九 32 ～ 33，十二 22；路十一 14）。在路加福音十三 11 - 16，耶稣遇到一个十八年来，腰弯得直不起来的妇人。尽管外表看来，这是一个纯粹的身体状态，但是耶稣说她是"被鬼附着"而病了十八年。因此，他解开了她的捆锁，使她全然康复。在马可福音九 17 - 29，耶稣医好了一个有癫痫症的男孩，然而第 25 节告诉我们，他把这病常作'聋哑的鬼'来对付。当鬼被赶出后，那孩子也好了。

圣经的记载是两千年前，但与耶稣时代同样的原则今日依然适用。三十多年来，我看到成百的人从邪灵手中得释放,病得医治。下面再举几个例子。

癫痫病

七十年代初，一个十八岁的年轻女子来找我和利迪亚为她祷告。医生诊断她有癫痫病，需要药物控制。当她听了我的一些教导后，开始怀疑这病是否由邪灵引起。

利迪亚和我为她祷告，并命令癫痫鬼离开她。那鬼出来了，但我觉得主对我说，还没有了结。我就问那女孩，这病是怎么开始发的，是因为外伤引起的吗？

她回答说："是的，一个棒球打中了我的头部，之后就发作了。"我跟她解释说："那次的外伤为癫痫病魔的进入开了门，现在那鬼已经出去了。我们要关起这门，叫他不得再进入。"

于是，我和利迪亚把手按在她身上，求神让她脑部得医治。我们后来与这女孩持续联络了两年，那期间她没再吃药，也没再发作过。

前几年，又有个女子带了一个约十八岁的女儿来看我。她说：'叶先生，十年前你为我祷告，使我从癫痫鬼手中得释放。这是我女儿，她现在患有同样的毛病。请为她祷告。"我和路得于是为她女儿祷告。命令癫痫鬼离开，她跟她母亲一样也得了医治。

我有个朋友是传道人，曾应要求为一个患癫痫病的人祷告。当他命令那鬼出去时，那鬼回答说："你这个傻瓜！我是有医疗证书确认的。"鬼魔还相当知道怎样适应现代医疗和名词呢！

此外，我还得说，我自己大家庭的一个成员，最近也因祷告从癫痫病中得着医治，医治时没有什么外在的彰显。可见，耶稣今天仍然以不同的方式医治人。

当人们来找我祷告，使他们从癫痫病中得释放时，我通常告诉他们："你当知道那鬼可能在离开之前大肆挣扎一番，你愿意为自己争战吗？如果愿意，我和你一起争战，我们会赢的。但如果你不愿意为自己争战，我也不会独自争战。"每次只要一个人愿意争战，神就使我们得胜。然而对那些纯属被动的人，我没有信心，因为他们不自己站起对抗敌人。

　　一般的总原则是，我不为那些一味指望我祷告的人作释放的祷告。一个不愿意积极抵抗邪灵的人，也可能没有抵抗力阻止那邪灵不再回来。马太福音十二 43 ～ 45 警告我们，邪灵会回来的，而且要带"**七个比自己更恶的鬼来，都进去住在那里。那人末后的景况比先前更不好了**"。本书第六章描写的伊丝特的经历，可见邪灵试图再进入的情况（我会在第二三章指示如何保持自由）。

瞎眼、耳聋、哑巴、关节炎

在夏威夷服事时，有一个年轻男了把他的祖母带来见我和路得。她年约八十岁，是个瞎子，来自瑞士的法语区，法文是她的母语。尽管我不觉得有很大的信心，但是，路得和我还是为她祷告。然后，我用英文命令那瞎眼的鬼防离开那老妇人。几分钟以后，那妇人用法文对我税："我能看见你了。"我真是又惊又喜。

　　一九八五年，我和路得带队去巴勒斯坦宣教。因为广告上说，我们会为病人祷告，人们就从巴勒斯坦四面八方涌来，大部分人没有文化，也没有纪律。一天，按当地文化单独坐一旁的妇女们变得很吵杂，秩序混乱。为了确保纪律，我就宣布说："令天早上我们只为男人祷告。"

　　顿时约有两百个男人涌到宣教队面前，都要求祷告。

　　我和路得遇到一个人，他先摸摸嘴唇，再摸摸耳朵，表示他又聋又哑。我想起耶稣从聋哑之人身上赶走一个邪灵，就决定也照着做。我不能说有什么特别的信心，就只是说："你这只聋哑鬼，我奉耶稣的名，命令你从这人身上出来。"

　　我知道这人听不到我说的话，也不懂英文，但那鬼懂！当我对那人说："现在就说'哈利路亚'！"他便张开嘴巴，大声喊叫说：'哈利路亚！'我把他带到讲台上的领袖那里，让他用当地的乌尔都语告诉人们这个奇迹。

这个报告激起了信心，人们开始把其他聋哑的人带到我们面前。在回教国家，这类人很反常地占了极大的比例。）接下来的几分种，我和路得从至少十个男人（包括男孩）身上赶出了聋哑鬼，他们都得了医治。一个很令人激动的例子，是一个约五岁的男孩，他开口说的第一个词就是'阿妈'。

一九八零年在一次南非的大聚会中，他们要求我为约一千人开一个医治释放会。第一天，我教导有关医治的教训，然后开始为病人一一祷告。神的大能很明显同在，会上出现好几个戏剧性的医治。

一个有关节炎的妇人走上来，我对她说："我相信你的关节炎是邪灵造成的，你愿意将他赶出去吗？"她点点头，于是我和路得按手在她身上，命令那关节炎的鬼离开。几分钟后她说："所有的疼痛都没了！我得医治！"

当人们一起鼓掌感谢耶稣时，我觉察到他们集体的信心大为提升，因此就不需要一一祷告了。我要求所有有关节炎的人站起来，会场约有三十个人站起来。我先向他们解释一番后，就以神赐的权柄斥责每一个关节炎鬼，并以主耶稣的名命令她们离开。然后，我告诉站起来的人：要在确实知道鬼已离去，并已得医治之后才坐下。

在我和路得转身为患有其他病症的人祷告后，那些患有关节炎的人一一坐下。约十五分钟后，没有一个还是站着的。

约数周后，我与路得在南非巡回事奉时，遇到几个人都说他们是在那一天得着了医治。

死亡

本书第六章提到伊丝特和她女儿露比从死亡的灵中得释放。伊丝特在手术台上差一点死去，那灵就趁虚而入。我们应当记住约翰福音八 44 说："**撒但是杀人的。**"他用死亡之灵杀人，这些人的死亡是非自然死亡。

　　这一点已由一个负责诊断的基督徒医师进一步印证了。有一次他会后来到我面前说："你教导我们有关死亡之灵的事，帮助我明白为什么有些人原因不明而死。现在我明白了，他们是死亡之灵的受害者。"

　　我有一个孙子是牧师，他有个很惊人的经历。这是他的见证：

　　"我们的女儿利百加先天心脏上就有个洞。在她六岁那年，即一九九三年，她做了开心手术。医院只准许我们每小时去加护病房看她十分钟，在这病房前还需护士长特许。有一天早晨，我们与其他二十多个焦虑的家属一起在走廊上等消息，因为被拒绝进入，我们知道里面有紧急状况发生。于是，我拿起电话询问，护士回答说，其中一个孩子遇到危险，我们得再等下去。当我转告其余的父母，他们都面色发白。突然门大开了，出来一个医师和院牧。他们对着在我们对面的一对父母说了一番话，那母亲顿时大哭起来。然后，他们迅速被带到了心理辅导室。

　　过一会儿，我们都可以进去探望我们的孩子。在我们进入病房时，我们注意到一个医生站在我们女儿隔壁的病床床尾，床上十二岁的男孩刚动过手术。原来是那对父母的儿子！他的心跳监视器只显示一条直线。

　　我站在两个病床中间，随即抓住内人的手，低声急促地说："我奉主耶稣的名，抵挡这地方的死亡之灵。"然后，我们转向自己的女儿，她已经醒了，需要我们照顾。

　　第二天早上，我正在走廊上，突然看到那男孩的父亲脸上挂着笑容。我停下来问他发生什么事，那父亲以惊讶的口吻告诉我说："医生说我儿子没希望了，但他突然好转了。今天早上他从床上坐了起来，并向我竖起双手的拇指！"

　　我和内人都知道，是神拯救了那男孩脱离死亡的灵。感谢神，我们知道当如何行！"

分辨是出于自然的还是出于鬼魔

在前面几章，我提到撒慌之灵攻击人的心思。一九九四年，我和路得受到虚谎之灵的攻击，以致连年大病缠累。后来，路得从主那里得着了一句话，说："你们受病痛缠累的日子已经遇去了"。数周之后，有一天我们禁食祷告时，路得突然从头到脚每个部位都受到疼痛的袭击。她说："主啊，求你不要再让病魔重新得势。"

多年来，我和路得学会不向病魔妥协，而是站在神的应许之上。所以路得对我说："我知道如果我能赞美神，我会觉得好多了。但我没力气。你能帮我放那卷我们在莫斯科取聚会时的敬拜录音带吗？我相信那会对我有所帮助。"

路得躺在卧房的地板上。在她开始轻松下来敬拜神时，她突然大声说到："这些疼痛是虚谎的症状，出于虚谎之灵，想要偷神对我的应许！"

我们奉主耶稣的名，站在一起抵挡那些虚谎之灵。然后路得就完全从疼痛中获得释放。并且，神以他奇妙的恩典，赐给我们一个特别的祝福，完全不能以自然的方式加以解释。以下是路得的话："我站了起来，走到厨房去倒一杯水。突然，叶光明叫我说：'赶快回来！'当我回到卧房时，我就惊讶了！整个房间和浴室都充满了一种玫瑰香味——像是花园里的花香，好像是主亲自来临了一样。于是我满怀敬畏地俯伏敬拜祂。

神使我和路得"**得胜有余**"(罗八 37)。当我们从试炼中出来时，比进入试炼时所得的还多。

这经历使我想起，许多基督徒虽已完全得到主的医治，但撒但显然用地的灵暗中破坏他们的信心，诋毁他们的见证。我们当像以弗所书六 11 所说的那样：**"要穿戴神所赐的全副军装，就能抵挡魔鬼的诡计。"**

　　但我也要强调，正如我在本书第十章所说的，不是所有的疾病都是由鬼魔造成的，许多是有另外的、自然的原因，我们需要辨别哪些病是直接由邪灵造成的。

　　在哥林多前书第十二章，保罗列出了圣灵赐给信徒的九个超自然恩赐。其中两个是可以帮助我们认出邪灵的，即第 8 节和第 10 节所说的 **"知识的言语"** 和 **"辨别诸灵"** 。每一个「知识的言语」和每一次的「辨别诸灵」，都是个别的恩赐。是在超自然层面上起作用的；不是自然推理或知识的结果。

　　希伯来书四 12 说：

"神的道是活泼的，是有功效的，比一切两刃的剑更快，甚至魂与灵，骨节与骨髓，都能刺入、剖开，连心中的思念和主意都能辨明。"

　　知识言语可以带来这样的洞察，可以刺入剖开人性看不见的领域，显示出潜伏的邪灵势力活动的真相。通常这启示以一个单词或短语的形式出现，可以赐给帮助释放的人，有时也赐给领受释放的人。这类可分辨的邪灵可能是结肠炎、残废、气喘、精种分裂症或癌症。

　　然而，邪灵的活动也不一定透过超自然的方式显示出来，有时单透过个别辅导即可鉴别，就像医生藉着病人描述症状而诊断病情一样。本章和前九章较全面地提供了一些最普遍的邪灵活动现象。有一件事是我觉得特别有用的，就是去分辨邪灵侵入的时机或地方。并且，邪灵也用另一种方式引起疾病。在第十九章中，我指出一些消极情绪的灵。他们虽然不能直接导致疾病，欲能促成一种心态，使疾病侵入或阻止病人凭信心接受医治。这些消极之灵包括拒绝、害怕、悲哀、不饶恕、气馁、失望、绝望等。在这些场合下，有必要先赶走消极的灵，再求病得医治。

　　我在这里提到，在一些个别场合下使用基督的权柄，可以大大抵挡病魔。这些只是诸多例子中的数例而已，但我也难过自己无法像基督那样在许多场合大胆地对付邪灵。我学会了一件事：

若要在超自然层面上工作，就需要每天不断倚靠神，相信祂的分辨和权柄。在这个事工上，我们应该保罗一样地说："**我们行事为人是凭着信心，不是凭着眼见**"。(林后五7)

从多重硬化症和中风中得释放

我要以两个人的见证来结束这一章，他们都从病魔中得释放。第一个来自一家美国教会的义工：

"我们教会中一个叫珍妮的女青年患了多重硬化症。她听过信心的教训，并因此领受医治，随后病情大大好转。但是，症状仍旧不断出现，站立时会突然倒在地上。她在一次教导取聚会中为她得医治作见证，但附加了一句话："我仍然有时会倒在地上，我知道我还需要进一步得释放。"

有一天下午约二点三十分，珍妮和她姐姐一起来要求我们为她祷告，因她们已试过各种求释放的祷告。之后，我们开始祷告。珍妮至少说出了一百种邪灵，但我忙得没时间数。从三点，我们一直祷告到六点十五分。

我认为有多重硬化的灵，但她却说出了所有症状的灵：疲劳、虚弱、跌倒、发抖、哭泣、优伤、瞎眼、耳聋、哽塞、窒息、发寒、瘟疫、麻木、折磨、疲乏、懒惰、闲散、头痛、耳痛等等。

在我们祷告时，硬化的所有形式控制了她的身体，使她全身麻木而无法站立。当这些邪灵出来以后，她告诉我她身体的某个部分开始暖和起来、有知觉了。知觉恢复到腰、臀部，然后到膝盖、腿部，最后，她说："还有一些邪灵在我脚上。"她脱下靴子，但双脚僵硬、冰凉，她告祈我们，鬼离开了她的脚了。

后来她说："只剩二个在我的脚趾上了"我不记得第一个是什么灵，但第二个是'抱怨'。当牠也离开时，这女子跳了起来，在屋里跳舞。珍妮彻底地从多重硬化症中得着释放了。"

另一个从病魔手中得释放的惊人见证，来自纽西兰一个国际巡回布道家："那是一九九二年六月十日，我在纽西兰卡提卡提城带领聚会。神让我注意到一个使用拐杖的妇人，我就叫她来到台前。她很艰难地爬上台阶，说她疼痛难忍。她说她有严重的关节炎，心脏有血管的毛病，还患有糖尿病。共四十一年。两年前她失去丈夫时，曾中风过。她的身体左侧受到影响，左边瘫痪了，不能书写，也几乎无法交谈。她附带还说，她年轻时月经失调，在十四岁第一次做过手术，后来她几次流产。

我命令每一个攻击她的邪灵离开她，尤其是中风的灵。祷告之后，她几乎是从台上跑下台阶的。她双手高举，显然是被圣灵充满了。三年后，即一九九五年六月十四日，她来到附近城镇的一次聚会中作见证。她告诉我们，她那次在卡提卡提聚会中回到座位时，她察觉到神的医治。过后的几个星期，她好几次经历到体内的震荡，好像有东西进进出出一样。现在她可以在楼梯上跑步，也可以写字了，身体左侧完全摆脱了中风的影响，包括她的眼睛。三年后，医生仍然找不到糖尿病的迹象，而之前她却已患这病症是长达四十一年之久。

无疑地，在邪灵势力被赶出以后，她经历了神迹。

第 21 章
为释放做准备

也许读到这里时，你已意识到自己身上有鬼魔的活动。以前你无法理解所承受的种种压力，但现在可以分辨了。感谢主！你不必再被动地承受那些压力了。

本章将为你指明释放、全胜之路。而得着释放与胜利的最奇妙秘诀在于：你不必自己去赢得胜利，乃要进入耶稣因代死、复活而为你获得的胜利之中。

耶稣在十字架上为世上每个族群、每个时代的所有人所犯的一切罪，付上了所有的代价。他是约翰福音一 29 中所说的神的羔羊，挪去了世人一切的罪孽。耶稣为我们的罪而死，天父也藉着祂儿子的代赎，向全宇宙显明了祂的公义。

耶稣成为活祭代替你死，是你可以借此彻底从撒但的邪灵势力攻击下得着释放的唯一凭据。一旦意识到这一点，并凭信心去行事，你就会和保罗一起说："**感谢神，使我们借著我们的主耶稣基督得胜。**"（林前十五 57）

假如你决定要领受神你提供的释放，你有两个选择。一是找牧师或其他信徒帮助，或是直接求主帮助你。如果有教会、或其他团队乐意帮助你，当然可以求助于他们。但是，你一定要先确认他们是真正相信圣经的基督徒，也明白对付邪灵的事。如果你去找他们，但却发现，他们不相信基督徒会被邪灵附身，显然他们就无法帮你。

我们在美国的办公室会定期收到一些来函，来信者意识到他们需从邪灵手中得释放，要求我们推荐可以帮助他们的教会、团队。遗憾的是，我们经常不知道有哪些人可以直接帮助他们。这使我想起耶稣事工中的一个场景：

"他看见许多的人，就怜悯他们，因为他们困苦流离，如同羊没有牧人一般。于是对门徒说：要收的庄稼多，做工的人少。所以，你们当求庄稼的主，打发工人出去收祂的庄稼"　　　　　　　（太九 36 ～ 37）

释放的事工是一个待收庄稼的田地，需要许多受主装备的工人，所以，我了解许多读本书的人也许没有人可以求助。但感谢神，通向救主耶稣的门是敞开的！假如你决定走这条路，我为你列出了九个步骤，帮助你走向释放和全胜。

第一步：确认对基督的信仰。

第二步：谦卑自己。

第三步：承认已知的罪。

第四步：悔改。

第五步：饶恕他人。

第六步：弃绝秘术或虚假的宗教。

第七步：预备从生命的每个咒诅中得释放。

第八步：坚定神的立场。

第九步：赶出邪灵。

但是，在做释放前，首先你得确信你与神的个别关系。如果你不确信你是从神重生了的神的儿女，相信所有的罪已因耶稣的代赎得赦免了，那么，你可以因遵循这些步骤而首先进入与神的个别关系中，使祂成为你的父亲。如果你已与神有个别的关系，遵循这些步骤坚定你的信仰，并且给你和所需帮助相关的坚固圣经基础。

请你一步一步地仔细阅读本章列出的九个步骤，保证完全弄懂为止。然后，在第二十二章，我会为你准备一个祷告大纲，借着祷告，你可以领受从邪灵的压制下得释放。第十六章说过，只有当你与祂有正确的关系，并且顺服地与主同行时，耶稣的宝血才能完全保护你。所以，在你对抗邪灵之前，先确保你以信心作了祷告。

第一步：
确认对基督的信仰

根据希伯来书三1,耶稣是"**我们所认为…大祭司的耶稣。**"译成'认为'的希腊文原文意思是'与 ...... 说同样的话'。因此，我们要与圣经一致，说圣经上所说的，有关耶稣的话，以至使口中的话与神的话一致。我们需要大胆、个人化地宣告耶稣的得胜。当我们这样做时，我们认定了耶稣做我们大祭司的职责，祂会把我们的需要向父神陈明，这样就释放了天上代表我们的全部权柄。

如果你无法认定耶稣是大祭司,耶稣也无法在天上为你做中保。

第二步：
谦卑自己

彼得前书五5 ～ 6说：

> "…因为神阻挡骄傲的人，赐恩给谦卑的人。所以，你们要
> 自卑，服在神大能的手下…"

如果我们以骄傲的态度接近神，祂会抵挡我们，我们就不能接近祂。因此，来到神面前的第一步是谦卑自己，对神说："我需要您！"

神从来不主动使我们谦卑，整本圣经都说这责任在我们自己身上。神可能叫我们羞愧，因有时祂也必需这样做。但是只有我们自己可以使自己谦卑。然而，如果我们真愿意，神会供给我们所需的全部恩典。

　　在我们寻求从邪灵手中得释放时，可能会面临这样一选择：是要尊严，还是要释放？如果尊严比释放来得重要，我们就没有真正为骄傲之罪悔改。

　　有一回，一个医生的妻子来找我。她是一个保守体面的妇人。她说："叶先生，据我的理解，我若照你讲的方式求释放的话，我会大声尖叫。"我回答说："很有可能。""但我的教养告诉我，女人不可以在公众场合下尖叫"。我说："哦！假如你在河里沉了三次，已面临淹死的危险，你想到也许在岸边有人可以救你，你会不会持守女人的教养而不大声喊叫呢？"我想已经点到为止了。

　　如果你不预备谦卑自己，就不会情愿接着采取以下的步骤。

第三步：
承认已知的罪

圣经中没有神赦免人未承认的罪，但对承认罪的人，神有明确的应许：**"我们若认自己的罪，神是信实的，是公义的，必要赦免我们的罪，洗净我们一切的不义。"**（约壹～9）神是信实的，因为他有承诺；神是公义的，因为耶稣已经为我们的罪付上了刑罚。

　　如果你因一些特别的罪而受困扰，应当诚实面对，不要以美名掩盖。许多罪直接道出其名并不美，但是只有在我们认罪时，神才赦免我们的罪，他从未应许要赦免'毛病'。

　　如果你有过食的毛病，就直接说是贪食的罪；如果你是'好色'，就叫它'好色'；是'憎恨'，就叫它'憎恨'，是说闲话，就叫它'说闲话'的罪。

　　要记住，你把自己最糟糕的罪告诉神，祂是不会震惊的。你没告诉祂之前，神已经知道了。而且，祂仍然爱你！

　　在第十三章曾提到神的警告，是出埃及记二十3～5中所说的，神要追讨人的罪，直至二、三、四代。你祖先的罪不会使你有罪疚，但可能会使你承受其后果。你也许有必要承认并且把自己与祖先犯下的罪隔离开来，这尤其适合与秘术或虚假的宗教。

第四步：
悔改

你要忍罪，但光认罪还不够，还必须悔改。箴言廿八 13 说："**遮掩自己罪过的，必不亨通；承认离弃罪过的，必蒙怜恤。**"你必须先认罪，然后离弃这些罪。离弃罪的意思是彻底地转离罪恶。

曾经有一个青年对我说："我想我有淫乱的灵在我身上，但我相当喜欢他。你认为神要让我从中得释放吗？"我回答说："当然不，神救我们脱离敌人，不会救我们脱离我们的朋友。但如果你把朋友视作敌人，然后你才可以求神释放你。你当求他帮你恨恶罪，因为神憎恨罪。"

悔改包括两项内容。首先，你得为所做过的事承担责任。你不可以躲在别人后面，说是父母、妻子或牧师的错，都是他们叫你犯罪的，你也不可以因你的罪怪邪灵。你的态度应当是：我有罪，我承认。

第二，你应当像神那样抵挡罪。不要小看罪，或找藉口掩盖它，而要像神那样恨恶罪！然后，罪就对你没有势力了。

第五步：
宽恕他人

在马可福音十一 25－26，耶稣订了一个不可更改的属灵法则：

> **"你们站着祷告的时候，若想起有人得罪你们，就当饶恕他，好叫你们在天上的父也饶恕你们的过犯。你们若不饶恕人，你们在无上的父也不饶恕你们的过犯。"**

如果我们想要神饶恕我们的罪，就必须无条件地饶恕所有得罪过我们的人。第十八章提到耶稣所讲的此喻：一个仆人蒙主人宽恕他近几百万元的债，但他却拒绝宽容另一个仆人欠他的几块钱的债。若我们能想一想，每个人欠神的罪债，是无法估量的，那么，相较之下，其他人对我们的过犯只相当于几块钱的债了。

马太福音十八 34 说，主人对这不饶恕人的仆人的审判，是把他交给掌刑的，就是折磨人的。你如果想要从折磨人的手中得释放，就必须白白地饶恕所有得罪、伤害过你的人。

记住，饶恕另一个人不单是一往情绪，而是意志的决定。首先，你要下决心，然后必须说出来："我饶恕某某人得罪我的地方。我放下一切的苦毒、怨恨。"在心里做决定，再用嘴巴说出来。这样就使你饶恕的行为起效用了。

第六步：
弃绝秘术或虚假的宗教

第十四章解释过，神是何等恨恶人分心，把当敬拜神的心放在拜其他的人或事上。所有这些体系的背后，有一个势力在蠢蠢欲动，牠是神和人的大敌。假如你想要亲近神，就必须斩断与撒但的所有联系。这包括从你的住处和财产中清除一切和秘术或撒但相连的东西，包括书刊、礼物、符咒、艺术品。请记住摩西对以色列人的警告："**可憎的物，你不可带进家去：不然，你就成了当毁灭的，与那物一样…。**"（申七 26）

如果可能的话，处置这些东西的最好方法是毁掉。记住，这是以弗所城的基督徒的回应方式（参徒十九 19）。当他们了解到，书卷把他们与魔鬼势力连在一起时，他们就烧毁了价值连城的术书。按他们的模式去做吧！

如果环境不允许你马上去做的话，跟神作委身的祷告，一旦有机会你就去断绝一切不应有的关系。

第七步：
预备从生命的每个咒诅中得释放

圣经就祝福和咒诅的力量说了很多，总共提过六百多次。现代基督教常喜欢谈祝福，老把咒诅当作是中世纪遗留下来的迷信。这种想法不符合圣经，也不实际。

咒诅就像生命中的阴影，阻止了神的祝福。咒诅也使人能得到的两大祝福排除在外：那就是，肉身得医治，和从邪灵中得释放。

根据我多年的经验，我整理出了一个与咒诅有关的问题清单：

1. 精神或情绪崩溃。

2. 重复性或漫性疾病。（尤其是遗传病）。

3. 不孕、经常性的流产，或有关的妇女病。

4. 婚姻破裂，家人疏离。

5. 经济上长期入不敷出。

6. 常出意外事故。

7. 有自杀、反常过世或早逝的历史。

正如我已经讲过的，圣经清楚说明，我们可以从咒诅中获释；耶稣在十字架上的代赎，已经为我们承担了每一个咒诅，我们可以继承亚伯拉罕的福份，神在各样的事上都赐福给他了（参创廿四 1：加一 13～14。）要想进一步了解相关话题，可参阅我的另一本著作《祝福与咒诅》。

如果察觉到生命中有咒诅，你可以站在耶稣为你在十字架上成为咒诅的根基上，寻求释放。

第八步：
坚定神的立场

做一个坚定的决定，并大声说出来："我把自己的意愿、人生目的、未来、整个生命都交给神。我坚定神的立场，抵制所有的罪、邪恶和每一种鬼魔。"

你一旦坚定了神的立场之后，神也站在你这边。你可以因此享受罗马书八 31 中所说的确据：**"既是这样，还有什么说的呢？神若帮助我们，谁能敌挡我们呢？"**

神有可能以这样一种方式来帮助你，祂会向你显明你需要赶逐的鬼魔的名称。

第八章评论过，对付邪灵可能会像是对付一只凶恶的狗。当你直呼那狗的名字时，你就更有权柄对付牠。你可能已经知道某种、某些邪灵的名字，牠们是你必须赶逐的，或者可能在你参与释放的过程中，一个鬼魔的名字来到你心里。这些是圣灵可能帮助你的两种方式。

在某一次释放大会结束时，一个年轻人问我说："有蛀牙的灵这回事吗？"我回答说："我可没听过这种灵。但是如果圣灵说有，那就一定了。"那年轻人告诉我说："哦，那正是我刚刚从中得释放的灵。"

多年之后，那个人已经不再年轻了，他来告诉我那次释放的结果，他说："我本来是要去牙医那里补牙的，但一两年之后，那牙会在填补的地方腐烂，我就又得去再次补牙，但是既然那天我从蛀牙的灵中得释放，我就再没有那样的毛病。

你一定要坚定立场，大声说出你需要赶逐的鬼魔的名称，并奉主耶稣的名命令牠出去，倚靠神抵挡所有的邪恶和各种邪灵，就如雅各书四 7 所说："故此，你们要顺服神。**务要抵挡魔鬼，魔鬼就必离开你们逃跑了"**。

第九步：
赶逐邪灵

我曾提到手淫的灵常从手指间出来。一个瘸腿的灵经常在全身颤动之下被赶逐。如果鬼不从口出来，而从身体的其他出口出来，你会有所察觉。要与圣灵合作，他会告诉你该怎么做，但通常你可以期待鬼从口中出来。

有一个母亲带着小男孩来求我为什么祷告。我问："你有什么毛病？""过敏。""什么方面过敏？""食物过敏。""什么样的食物使他过敏？""他对什么都过敏吧。"于是我告诉那母亲："我会把这当作邪灵去对待。可以吗？"她同意了。于是，我就转向那小男孩，解释说："你里面有一个坏灵，像是一种气，使你不能吃你喜欢吃的东西，现在我就要命令他从你身上出来。当我说：奉耶稣的名时，我会叫你把他吹出来好吗？"

那男孩点点头，像是一个受训的小士兵。我吩咐那邪灵离开他。当我说："奉耶稣的名"时，那男孩连吹了四次气。没有其他什么事发生，没有情绪，也没有激动。我怀疑那孩子是否真的得救了，但我只能把这事交给主了。

三天以后，那母亲回来要我为她作祷告。我问："你有什么毛病？"她说："过敏。"我说："先告诉我，你儿子怎样了？"她说："他和我一回到家，就直冲到冰箱，尝了每一样东西，结果没有任何一样东西对他造成伤害！"一下子，让我记起耶稣说过的话，祂告诉我们需要回转像小孩子。

在你作过释放的祷告，以"阿们"结束后，就要开始赶逐邪灵！那是你意志的决定，随后要付诸行动。同时也要为邪灵能出来而开一条路，让出口畅通无阻！不要接着祷告，或开始说方言，我发现嘴唇的移动，舌头做说话的动作等都会形成阻碍，反而把邪灵关在里面。想像一辆救护车驶过来，车灯闪烁，警报长鸣，其他车辆都要闪到路一边。你的喉管也时一样。需要清除通道，让邪灵出来。

在你赶逐的时候，开始呼出来的也许只是自然的呼吸，但过了一会儿，呼吸之外的东西会开始出来，那是你的敌人！要施加压力！当邪灵出现时，可能会有不同的现象：也许很难看出，只有小小叹息或呵欠而已，或者会伴有哭泣，呻吟，咳嗽，尖叫或狂吼。请记住，腓利的事工中，邪灵出来时伴有大声尖叫。有一个妇人从尼古丁的鬼手中得释放时，打了一个很大的呵欠，使她觉得下巴都快要脱落了！但当她闭起嘴巴时，她就已经从尼古丁鬼的手中得到释放了！

不要事先限定赶逐邪灵的时间，只要还有邪灵需要出来，就得持续。

当邪灵出来时，一些人———通常是女人———可能会不断尖叫得不着释放，这说明邪灵堵在喉咙的狭窄处，卡在那里，不愿被赶出。这时，刻意大咳一声会强迫那鬼出来。在释放会上，有时邪灵的尖叫会影响别人求得释放，阻碍他们，使他们害怕，这时主的工人需要尽快行动。帮助喊叫的人得释放。邪灵出来时可能伴随着许多事发生，但记住，当你奉耶稣的名说话时，你有胜过邪灵的权柄，不要屈服于害怕的灵。也要记住，圣灵与你同在，帮助你。完全屈服于圣灵，让他引导你达到安全的胜利。

第 22 章
释放的祷告

现在你可以借祷告领受释放了。有时人们对我说："我想祷告，但不知道说什么。"这里为你准备一个祷告模式，帮助你遵循。

在祷告前请仔细读上一章所写的九个步骤，务必确实弄懂了，并能符合所有的条件。在祷告模式中，你会发现有空白处，需自己填写详细，如具体的罪、曾参与的秘术或者虚假的宗教，你就当饶恕的人名等等，这名单还要愈愈完整愈好。

我看过成千上百的人借这祷告模式领受释放。你或者想请一个基督徒同伴支持你，但是确信这个人同意你的决定，并以偏心与你一起祷告，而不是不信。如果有两个人，你可以抓住耶稣在马太福音十八 19 的应许：**"若是你们中间有两个人在地上同心合意地求什么事，我在天上的父必为他们成全。"**

最后,不必太受这祷告模式的约束。如果圣灵感动你加添词句，不要勉强不去做。不要操之过急。要慢慢地,仔细做完全部的祷告。

1. 确认对基督的信仰：
主耶稣基督，我相信你是神的儿子，是通往神的唯一道路。你在十字架上为我的罪而死，又从死里复活，使我能得赦免，领受永恒的生命。

2. 谦卑自己：
我弃绝一切骄傲，自大，以及不是来自你的尊严。是你为我而死，否则我根本得不着你的怜悯。

3. 承认已知的罪：
我向你承认所有的罪，绝不保留，我特别承认＿＿＿＿＿＿。

4. 悔改：
我为一切的罪悔改，转离它们，并转向主，求你怜悯和赦免。

5. 饶恕他人：
我凭意志做下面的决定，我饶恕所有伤害过、得罪过我的人，放下一切的苦毒、愤恨。我特别饶恕 _____。

6. 弃绝秘术或虚假的宗教：
我斩断与秘术或所有虚假宗教的关系，特别是_____。我决心废除一切与秘术或虚假宗教有关的物件。

7. 预备从生命的每个咒诅中得到释放：
主耶稣，我感谢你在十字架上为我成为咒诅，使我能从每一个咒诅中得到救赎，承受神的祝福。在这个基础上，我求你释放我，使我领受所需要的释放，从而获得自由。

8. 坚定神的立场：
主啊，我坚定你的立场，抵挡所有撒但的邪灵。主啊，我向你委身，抵挡魔鬼。阿们！

9. 赶逐邪灵：
现在我对控制我的任何邪灵说话（直接对他们说）：我命令你（们）从我身上离开。奉耶稣的名，

　　我赶逐你！

　　经历一次的释放，就要立刻赞美、感谢神。感谢、赞美是表达信心的最简单、最纯正的方式，这也形成一个邪灵不能容忍的气氛。

当你感到获得完整的释放，或者已尽可能做了的时候，就一定要硬下来，让耶稣成为你生命中各个领域的主。记住耶稣的警告说：如果那鬼回头来，发现屋里空空的，他会带更多的鬼回来。光凭自己，不会有能力拒绝邪灵于门外。但如果主耶稣住在你里面，你会有祂的帮助，排拒邪灵于门外。这令我想起一个妇人，她的基督徒生命始终如一，得胜有余。人们问她有什么秘诀时，她说：魔鬼每次敲门的时候，我就让耶稣去应门！不要试图自己去抵挡邪灵。

如果你觉得释放还不尽完全，等力气恢复后，或觉得有圣灵的感动时，再继续赶鬼的程序。

有时在一场释放后，会有人来到我前面问我："我怎么知道自己已经完全自由了呢？"通常我会回答说："发合格证不是我的本份。即使我这么做了，也不过是一张纸而已！关键在于：你是否发现到邪灵的存在，并且知道怎样去对付牠们。然后，以同样的方式随时对付牠们，就是你的责任了。"

最后，我想提醒每一个基督徒：你不必因曾从邪灵手中获释放而感到羞耻。而福音书的记载中，有一个人蒙神赐下独特的恩宠，成为第一个见证耶稣复活的人。这一事件记载在马可福音十六9："**在七日的第一日清早，耶稣复活了，就先向大拉的马利亚显现（耶稣从她身上曾赶出七个鬼）**"

想想看！耶稣向抹大拉的马利亚显现，她是耶稣从她身上曾赶出七个鬼的人。如果马利亚从来不曾感羞愧，那么你从邪灵下得释放的话，也不必羞愧。

然而，有一件事也许是你应当羞愧的：如果你发现有必要从邪灵中得释放，但骄傲使你不能承认你的需求，以致不能从中得到释放。这就真要使你羞愧了！

第 23 章
如何持守释放

感谢神，你已得到的释放！要不断地感谢神！即使不明确知道所发生的一切，却要以感谢他来表达你的信心，这是帮助你持守释放的第一步。

但是，你可以确信，撒但不会对你就此罢休。牠会尽其所能地想重新恢复对你的控制，所以你必须准备回应牠的反攻。我已经几次提到，耶稣对防范邪灵再回头做了特别的警告。所以，你要完全确信耶稣住在你里面，他是你生命中绝对独一的主。

人的个性就像是一座城，邪灵的侵害会摧毁内在的保护墙。一旦赶出敌人，就应当立刻重建保护墙。以下是几个帮助你重建围墙的基本原则：

1. 靠神的话语生活

2. 披上赞美衣

3. 服从属灵管教

4. 培养正确的围契生活

5. 被圣灵充满

6. 确信已经接受洗礼

7. 穿戴神的全副军装

8. 靠神的话语生活

1. 靠神的话语生活

马太福音四 4 中，耶稣说："**人活着……乃是靠神口里所出的一切话。**"这里的"活着"一词包括一切，包括每一个心思意念、言语和行动，都出于同一个源头，就是神的话语。我们必须在生命的每一个部分毫无疑问的让祂成为主导。

许多其他方面的影响会抢夺、控制我们，如自己的感觉、别人的意见、既定的传统、周围的文化等。但是，只要我们的生活完全受神话语的指示、引领，祂就保证我们在每一个领域得胜，并且胜过魔鬼。

请记住神在约书亚进入应许之地前，对他所说的指示："**这律法书不可离开你的口，总要昼夜思想，好使你谨守遵行这书上所写的一切话。如此，你的道路就可以亨通，凡事顺利。**"（书一 8）

这些指示可以用三句话归纳：思想神的话语、说出神的话语、行出神的话语。然后神就保证你成功。

2. 披上赞美衣

以赛亚书六十一 3 说，神给我们赞美衣取代忧伤之灵。在第四章我曾提到怎样从忧伤中得到释放，因为我辨别出自己身上有忧伤之灵。过后，我会渐渐学到，在赞美主时，忧伤之灵就不会临近我。我看出，我需要赞美当衣服，遮盖我生活的各个层面。

有一次我和利迪亚在我们伦敦的家举行一个非正式的祷告会。一个教会的妇人来到门口，一只手牵着一个男人，她说"这是我丈夫，他刚从监狱出来，需要从邪灵手中得到释放。"那时，我没有帮人得释放的经验，也不知道该怎么做。所以，我就请他来参加祷告会。我们当中一些会友毫无顾忌地向主大声献上赞美。过了一会儿，那男人就来我面前说："这里太吵闹了！我要走了！"我回答说："你里面的魔鬼不喜欢这声音，因为我们在赞美耶稣。你只有两个选择：如果你现在走了，邪灵也跟你一起走了；如果你留下，邪灵会离开你而去。"他嘀咕了一声："我留下吧！"又过一会儿，他来到我身边说："他刚刚走了，我察觉到牠离开了我的喉咙！"

刚获释放的人，也等于刚出监狱。享受自由吧！但是按神的话所说的，穿上赞美衣。当你赞美主时，你给魔鬼的麻烦比他给你的要多。

3. 服从属灵管教

耶稣给门徒的最后命令是："**去，使万民作我的门门徒。**"（太廿八 19）这里所说的门徒，是服从管教的人，耶稣从来没有指示我们去使人成为教会会友。

撒母耳记上十五 23 说："**悖逆的罪，与行邪术的罪相等。**"悖逆神使全人类面临撒但的欺骗，受他毁减势力的影响。

我们只有使自己服从主的管教，才能受到神的保护。一个不受管教的生命，容易受邪灵攻击。保罗说：神给我们"**刚强、仁爱、谨守的心**"（参提后－7）。谨守是生命中最主要的管束形式。除非我们学会自律，其他的管教方式都不会有效。

这里所需的第一步就是读经、祷告，与神交通。按神的话语生活，就是要求我们把每日最好的时间给他。然后，在圣灵的帮助下，我们必须有效控制的情感、意志和愿望。在这些方面无法自制的人，不能约束自己的生命。

有个必须要控制的关键部位是舌头。第十三章指出，闲言会为邪灵开路。控制舌头就是属灵成熟的标记，雅各书三 2 说："**若有人在话语上有过失，他就是完全人，也能勒住自己的全身。**"

固然，你不可能靠几个简单的步骤，就达到自我约束的地步，你会不时跌倒。但只要爬起来，掸掸灰，再继续向上、向前。只要朝着正确的方向走，即使撒但可能再骚扰你，牠也不可能打败你。

另外，还有许多不同的方面需要我们自我约束，包括家庭、学校、教会，以及各个世俗机构。神要求我们在这些相关的领域学习顺服。彼得前书二 13 说："你们为主的缘故，要顺服人的一切制度。释放会带来自由，这是千真万确的，但是许多基督徒误解了自由的本质。自由不是任意妄为，而是要在自由中把自己生命的各个领域交在神的管教之下。"

4. 培养正确的围契生活

第十五、十九章指出，一个人如果里面的保护墙被邪灵摧毁了，需要其他基督徒帮助重建这些墙垣。我们应当认识到，影响我们最大的，是所接触到的人。这就意味着：我们得选择与什么样的人相处。

我们可能生活在非基督徒圈子里，但不能把自己当作他们当中的一份子，我们的生活方式总需要与他们的有所区分。

约翰壹收 − 7 说："我们若在光明中行……就彼此相交。"基督徒的生命中，没有自我中心、个人主义的余地。作为基督徒，我们彼此需要。希伯来书的作者给了我们一个迫切的警告：

"又要彼此相顾，激发爱心，勉励行善"(来十 24)

另一方面，圣经也警告我们："滥交是败坏善行。"（林前十五 33）如果你真心想要持守得救的经历，你得与对你有不良影响的人断交，开始结交鼓励你、为你树立好榜样的人。与朋友断交，或与有不良影响的家人暂时分开，这会是很痛苦的事。但你可以相信，圣灵会以恩典和知慧帮助你，并且负责一切后果。记住，祂是帮助你的!

5. 被圣灵充满

以弗所书五 18 中，保罗给了我们两句指示的话，第一是否定的——**"不要醉酒"**；第二是肯定的——**"要被圣灵充满"**。

许多基督徒承认醉酒是不对的。但是有多少人会相信，不被圣灵充满同样是不对的？

被圣灵充满是神帮助我们过得胜生活的基本供应。这里保罗说的**"被圣灵充满"**，是一个持续不断的经历。他不是指一次的经历，从接下来的三节经文可见，他是在讲一种生活方式。

口唱心和地赞美主

常常感谢父神

彼此顺服

当圣灵不断以这种方式充满你时，邪灵会发现你的里面没有空位，也就不再能侵占你了！

6. 洗礼的确据

耶稣在马可福音十六 15－16 中对门徒说：**"传福音给万民听，信而受洗的，必然得救……"** 受水洗不是可有可无的，也不只是救恩后的一种教会仪式。相反的，这是顺服的外在行为，说明我们里面内在的信心。洗礼成全救恩，使徒行传从未曾提到有人没经历洗礼却领受了救恩的例子。

在新约，洗礼被比作旧约历史中的两个事件：挪亚及其家人在方舟里度过洪水之灾（参创七～八章：彼前三 13－20）；以色列人穿过红海，逃离法老的统治（参出十四 15－31; 林前 1－2）。在每一个事件中，穿过水都是指代表分离的行为，挪亚和全家从神对不敬虔世代审判中被拯救出来。而以色列人从法老的手中逃离，是因为埃及军队不能跟着他们穿过海水。

以色列人得救赎有两个过程。第一，在埃及时，他们因信逾越节羔羊的血从神的审判下得救。逾越节的羔羊通常象征着基督。第二个阶段是，他们穿过红海，从埃及得释放。

这模式也适用于基督徒：我们因信耶稣的宝血而在这世上得救，但我们经过洗礼与这世界隔绝开。受水洗的行为把我们与撒但的国分隔开来，他的鬼魔没有权利跟随我们穿越水域。

作为信徒，如果你从来没有经过水洗，你当过关这重要的一步，才能彻底与邪灵活动隔绝。反过来说，如果你已经受过水洗，你当持守这事实：撒但的鬼魔不再有权利侵害你。（这主题详见我的"信仰的根基"一书中的"新约洗礼"那部分。）

7. 穿戴神的全副武装

你已经穿上了赞美衣，但神为我们提供了全副武装，遮蔽我们。也许你还没有意识到，你是战场上的士兵，需要神为你预备全副武装。

以弗所书六 13 ～ 18 提到这装备的各项内容：

真理的腰带

公义的护心镜

平安福音的鞋

信德的藤牌

救恩的头盔

圣灵的宝剑——神的道

最后的武器：随时多方祷告

我们一一来看这些装备：

真理的腰带

在圣经时代，男人们通常穿宽松的衣服,从上垂到膝下。在干活前,他们得收起膝盖以下的部分,用一根带子束在腰部。因此,圣经中好几次提到 [束起腰带] 这样的话。

　　同样的，你得束起任何阻拦你自己跟随耶稣的外衣，而这条帮你做到这一点的 [带子]，就是神的话，用起来既简单，又实际。你必须完全真诚、坦白，撒弃每一种形式的不诚实或虚伪，并且要热爱真理。

公义的护心镜

护心镜保护你最关键、最易受伤的部位：你的心。这公义不只头脑上所同意的一个教义，罗马书十 10 说：**"心里相信——（不是头脑里），就可以称义。"** 心里有得救的信心，使一个罪的生命变化成为义的生命，这义不是来自遵行一系列的宗教仪式、规条，乃是从内住在我们里面的基督而来，藉着它使我们活出它的生命。

　　箴言二八 1 说："**义人却胆壮像狮子。**"这种义把胆怯转换为大胆，疑惑转换为信心。

平安福音的鞋

鞋使你可以走动，你得随时随地地把福音传给那些被神带到你面前的人。在一个充满争战、矛盾的世界里，你得作神平安的器皿。

信心的藤牌

以弗所书第六章提到的盾牌很大，可以保护一个士兵的整个身体，但只有在他明白怎么使用它时才有用。

　　你也必须学会用信心这个盾牌去保护全身，包括身、心、灵，不受撒旦锋利火箭的攻击。记住，盾牌不单单能抵挡火箭，而且能熄灭它们！

救恩的头盔

　　头盔保护头部，即意念。撒旦对心思意念的攻击，多过其他任何部位的攻击。头盔也叫作**"得救的盼望"**（帖前五 8）。那不是痴心妄想，而是坚定地立基于神话语真理之上的一种持续、稳定的乐观态度。第四章曾描写过神怎样教导我戴上这头盔。

圣灵的宝剑——神的道

神的道是指说出来的道，放在书架上的圣经不能保护你，神的道在你凭信心用口说出来时，就成了一把宝剑。要谨记耶稣如何使用这把剑抵挡撒旦，它只是引用圣经来回应每一个诱惑："经上说……。"我们必须学会这样做。

宝剑是圣灵提供的，但你有责任拿起这宝剑。在你这样做时，圣灵便使这 [道] 能发出超自然的能力。

最后的武器：随时多方祷告

宝剑受你胳膊长短的限制，但**随时多方的祷告**是你的洲际飞弹。这种祷告可以飞越天空，击中撒旦活动的势力，甚至可以直冲撒旦在天上的总指挥部。但学会使用这种有力的武器。需要节制和成熟度。

看似矛盾的作法

为了持守释放，你得做这么多事，也许你会觉得有些不知所措，而问道："能不能简单一点，只有几个字来表达？"

可以，以上所写的一切，可以用一个简单的指示来表达，就是：要持守释放，你所要做的就是按新约记载的方法，过基督徒生活。这是持守释放经历的纯净方法，不过非常有挑战性。

在马太福音十六 24‐25，耶稣为所有要跟从他的人立下了两条不变的要求：

> "若有人要跟从我，就当舍己，背起他的十字架来跟从我。因为，凡要救自己生命的，必丧掉生命，凡为我丧掉生命的，必得着生命。"

这是从天而来，看似矛盾的作法：要拯救、保护灵魂，就得先失掉才行。

在我们能跟随耶稣前，有两个先决条件。第一，我们必须否认自我，必须对强求、自我追求的自我说'不'！第二，我们必须各自背起自己的十字架，接受加诸于我们身上的十字架的死刑。背起十字架是我们每一个人都要自愿做的决定，神不会强行把十字架加在我们身上。

如果我们不把十字架加在自己的生命中，就会为鬼魔的影响开一扇门。未钉十字架的自我有这样一个危险，就是自我会禁不住回应引人上当的鬼魔的奉承。骄傲是撒旦针对我们的性格而瞄准的主要目标，奉承是他用来作入口的主要途径。

我们必须每一个人把十字架背在自己身上。保罗在加拉太书二 20 说："**我已经与基督同钉十字架，现在活着的不再是我……。**"我们每一个人都必须这样自问："我做到了吗？我真的与基督同钉十字架了吗？还是我仍然受自我意识支配呢？"

今天，许多基督徒会觉得这种解决方式太激进了，他们会怀疑这是否真是唯一不受骗的保险方式。他们会把保罗当作"超级圣徒"而从不想模仿他。

然而，保罗不是这样看自己的，他作使徒的职事是很独特的。但他同基督的关系，是我们大家应当随从的榜样。在提摩太前书一 16，他说：

> "**然而，我蒙了怜悯，是因为耶稣基督要在我这罪魁身上显明他一切的忍耐，给后来信他得永生的人作榜样。**"

另外，在哥林多前书十一 1，他又说："**你们该效法我，像我效法基督一样。**"惟一取代十字架的，是把自己放在基督的位置上，但这是拜偶像，必然为随后的恶果开路。十字架是基督教信仰的中心，没有传十字架、用十字架，基督教就没有根基、应许也就不再有效，反倒成了假宗教。和其他假宗教一样，一定会受鬼魔渗透、欺骗。

　　让我以最后一个评论来作为这一章的结束。我开始察觉到，我多年对付邪灵的经历，给我个人的基督徒生命带来了深刻的影响。我不时会听到耶稣直率、毫不妥协的话语，使我开始意识到基督徒的生命没有捷径，没有弯路。如果我们想要对邪灵的压迫有免疫力，只有一个条件能帮助我们做到，就是：顺服。

第 24 章
为什么有些人没有得释放

大部分人作了第二十二章列出的祷告后，会从邪灵手中得释放，但不是全部。这里列出十个可能阻碍人领受释放的因素：

1. 未真正悔改。

2. 缺乏危机意识。

3. 错误的动机。

4. 自我中心——为了引人注目。

5. 没有斩断与秘术的关系。

6. 没有切断辖制人的属魂的关系。

7. 未从咒诅中得释放。

8. 未能承认某一种特别的罪。

9. 未经水洗与世界'分别'。

10.属于更大争战中的一部分。

未真正悔改

耶稣在开始公开事奉时所说的就是："**你们当悔改，信福音。**"（可一15）他没有期待人不先悔改就相信。未经悔改的信没有效，不可以会产生真信心，进而带来果效。

每一个罪人从本性和行为上都悖逆神。我们只有弃绝悖逆，彻底背离它，否则我们不配领受神的福分。这是悔改的本质：弃绝悖逆神，自问说：我的生命是不是毫无保留地顺服于耶稣基督的权柄？如果你不能回答'是'，就仍然持悖逆的态度。救药只有一个：悔改。

藉着悔改，我们从意志上把生命委身于基督的主权之下。当我们不断学习、顺服耶稣的教导时，就是真正的悔改。人们寻求释放通常是因为，他们想摆脱邪灵压抑的不当后果，但是这理由尚不够充足。

如果你不能在释放后委身并事奉主，你要不根本得不到释放，要不就不能持久。

缺乏危机意识

当我们寻求从撒旦的捆绑下得到释放时，我们得认识到自已真实的处境。我们一直被一个残酷的暴君囚禁，他痛恨我们，做尽一切坏事去伤害我们，甚至要毁灭我们。

当我们转向基督求释放时，必须要认定它是唯一可以帮助我们的人。

我们要像彼得在面临沉入加利利海时那样有危机意识，大声向耶稣呼叫说：**"主啊，救我。"** 他意识到再过一会儿，水就会淹没他的嘴，那时他就不能呼救了。

好几次有人来求我帮助他得释放时，我说："释放是为那些有危机意识的人。我不觉得你很危急，等你感到危急时再回来找我吧！"有时，我会建议人在求释放以前先禁食二十四小时。

错误的动机

使徒雅各在分析人为什么祷告却得不到应允时，说道：**"你们求也得不着，是因为你们妄求，要浪费在你们的宴乐中。"**（雅四 3）

这通常可以用在那些要求从邪灵中得释放的人身上，他们意识到受邪灵捆绑，并在不同程度上有不适及受挫感。这捆绑阻挡他们享受宴乐，因此他们以为，如果得自由了，就可以更享受人生。但是，这原因不够充足，神不会回应他们的祷告。当我们来求主释放时，它鉴察我们的动机，它给人自由，好让人们更深地事奉基督，不是让人继续寻求自我享乐。

自我中心——为了引人注目

有些人总觉得自己被忽略，不够重要，因此想作舞台上的中心人物，但生活总叫他们在舞台后面，没人关心他们。其中一个可能的原因，是他们受邪灵压制、受催逼。

当他们在寻求释放时，会突然发现自己受到注意，而沾沾自喜。但在得到一定程度的释放后，又会跌回到阴影之中，因为人们不再专注他们了。所以，他们会找一些新"问题"来讨论，来求释放。他们就像保罗在提摩太后书三 7 所描写的那些妇人一样："**常常学习，终久不能明白真道。**"同情这样的人，并向他们澄清领受释放的条件，此等做法是对的，但是我们一定要在适当时候向他们挑战，让他们自己接受完全的释放，以及伴随释放而来的责任。

没有斩断与秘术的关系

与秘术作彻底的分离通常很不容易，撒旦会利用他全部的技能去抓住牠的受害人。一个想要摆脱的人就好像是罗得的妻子逃离所多玛时一样，转身懊恼地再看最后一眼身后之物，但却变成了一个永恒的盐柱（参创十九 26）。耶稣在路加福音十七 32 中警告一切后世的人说："**你们要回想罗得的妻子。**"

神赐给以色列人的迦南地，是已经被拜偶像、秘术活动败坏了的地方。为此，神告诉他的子民说："**你不可跪拜他们的神，不可事奉他，也不可效法他们的行为，却要把神像尽行拆毁，打碎他们的柱像。**"（出二三 24）神要求以色列人废除一切秘术活动，不可把旧制中的任何东西带入新制之中。神甚至要求他的子民，说话中也当显明与旧制彻底隔绝。在出埃及记二三13，神说："**别神的名，你不可提，也不可从你的口中传说。**"

今天，我们周围听世界跟当时的迦南地一样，被各种秘术败坏、玷污了。但是，正如我在前面提过的，许多基督徒没有意识到神是多么憎恨秘术。他要求我们与这些事完全分开，这要求跟他当年对进入迦南地的以色列人一样：我们必须从生命中彻底除去秘术的蛛丝马迹。

把我们与秘术相连的事，通常很微妙、难测。一个寻求释放的人应当祷告说："主啊，请指示我生命中是否还有把我与秘术相连的事或物，指示我如何彻底地远离它们。"

没有切断辖制人的属魂的关系

第十五章已经指出，邪灵的辖制可以来自别人的控制。要从这辖制中挣脱出来，需要切除这种受控制的关系。耶稣警告我们说："**人的仇敌，就是自己家里的人。**"（太十36）这在辖制人的个人关系上常是千真万确的。如一个母亲恣意控制自己的孩子；或一个青年人因不断受朋友的压力和他们一起吸毒。

不管家人或朋友的关系多么亲密，除非斩断控制关系，否则就得不到完全的自由。调整这些关系的过程会很痛苦，但是这是获得完全释放的基本关键。有时有必要与控制者完全断绝联系，相信神必在祂的时间，以祂的方式重建这关系。如果一时无法切断（如夫妻或仍住在家里的儿女），那个寻求自由的人当警惕，不要回到那习惯性的控制势力之下。

未从咒诅中得释放

在第二十一章，我提出一个人生命中可能受咒诅的七个现象。如果你觉得我指出的某出势力，仍在你生命中活动，可能你还没有完全从每一个咒诅中获释。

得释放的基础是十字架上发生的替换。在十字架上，耶稣自己承担了罪为我们带来的每一个咒诅，使我们能得着他那完全无瑕的公义所带来的每一个福分。

这替换的结果是多方面的，延及我们生命的每一个领域。

未能承认某一种特别的罪

约翰壹书一9 说："**我们若认自己的罪，神是信实的，是公义的，必要赦免我们的罪，洗净我们一切的不义。**"神不一定要求我们承认、坦白我们犯过的每一个罪。但是有时某个罪被揭露，我们就要承认、坦白，否则神不会赦免、洗净我们。

当大卫的奸淫、谋杀罪被揭露后，他说："**我的罪常在我面前。**"（诗五十一 3）大卫意识到罪的恐怖，使他与神隔绝。他内心得平安，重新与神和好的唯一希望，就是公开承认这罪，把罪明确地坦白出来。

在一个人寻求从邪灵中获释时，可能是有某种特定的罪需要他坦白，这也许正是当初导致他们受邪灵侵入的罪。在这种情况下，除非那个人辨别这罪，并且坦承，否则神不会释放他。

曾有一个母亲把她十几岁的女儿带到我和利迪亚面前来求释放。我们成功地赶出许多个鬼，但是有个鬼卡在她喉咙里拒绝出来。最后我对那女孩说："我相信你犯了一桩罪，神要求你特别提名承认。"这女孩很窘迫地盯着我看了几分钟，然后脱口说出："我堕过胎。"她母亲于是大大喘了口气，显然她对此一无所知。我告诉那女孩说："神还要求你做一件事，你得承认堕胎是谋杀罪。"她承认了，在她认这罪是谋杀时，她就彻底地得释放了。她不但从神那里得着了赦免，她母亲也饶恕了她。母女俩抱头痛哭。

当神要求我们承认犯了谋杀罪时，我们必须依靠圣灵将它启示出来，使人知罪毕竟是祂的工作（参约十六 8）。除了谋杀以外，其他须认的罪列在十戒的最后四条：奸淫、偷盗、作假见证、贪恋等（参出二十 14－17）。

未经水洗与世界 '分别'

上一章已经指出，受水洗是外在行为，藉此我们'成全'了因信基督的代赎而领受来的救恩。只有'成全'了的救恩才能给我们合法的权利，并摆脱邪灵的压制。不幸的是，有些行浸礼的教会并未充分强调水洗的重要意义。

然而，我想说明的是，所谓的浸礼不是加入某教会需完成的要求，而是单纯顺服圣经的个别行为。每当我要为那些没受水洗的人作释放时，就警告他们说："你现在自由了，但是如果你要保持自由，就一定要受水洗。"

反过来说，你也许在还未明白时就已经受过水洗，但仍受撒旦鬼魔的侵袭，此时，你当站稳立场，坚定水洗的真实意义，作这样的祷告说："主耶稣，我感谢你，我已经过水洗，脱离撒旦的国度，

进入你的国度里。主啊，现在我奉你名的权柄，砍断尾随我的每个搅扰的鬼魔。"

更大争战中的一部分

作为基督徒，我们已进入一场跨天地的巨大属灵争战中，保罗描

写说是与撒旦在空中势力下的'摔跤'争战（参弗六 12）。有时我们不但需要与地上的鬼魔争战，还要与空中的恶魔（参第二章的 daimons）争战。

有时地面上一个不起眼的人物，会是全球性争战的关键因素。撒旦的恶魔意识到这一点，决定控制那个人的生命，并用他来敌挡神的目的。结果，每每在为这个人寻求得到释放时，会遇到巨大的阻力，不单是来自那人身上的鬼魔，更是从操纵那人的空中撒旦势力而来，因此这人就成了'战场'。

例如，某个人也许是这一家人、乃至更大社区得救的关键，或甚至这个人一旦得释放，会为神的福音传到未得之地而打开大门。如果是这种情况的话，撒旦会加强势力，包括天上、地下的势力，以加强他对那个人的控制。

我们需要属天的洞察力才能帮助这类的人，这种洞察力也许是见异象、有智慧的言语或知识的言语。如果我们明确地看清抵挡我们的势力之后，就能求告为我们代祷的人，而一齐并肩求得基督为我们赢得的胜利。因为藉它的代赎和全胜的复活，基督已经将一切撒旦和来抵挡我们的 **'执政的、掌权的掳来了'**（西二15）。

一旦有人未得释放，可能我们就有必要实践耶稣在马可福音九 29 所说的话：**"非用祷告（有古卷加 '禁食' 二字），这一类的鬼总不能出来。"**

第 25 章
帮助别人得释放

得到释放的人，通常会开始清楚地看到别人也需要得到类似的释放。而且，他们也能同情这些人，因为他们记得以前所受到的压力，以及求释放过程中的挣扎，因此许多人自然会向需要得释放的人伸出援手。

在马可福音十六 17，耶稣向所有的信徒提出了事工要求：**"信的人必有神迹随着他们，就是奉我的名赶鬼……。"**

从总体原则而言，释放的工作主要应当由使徒、牧者、传道同工及其他同工去执行。但是，任何基督徒在遇到被鬼附的人，可以在适当的场合下赶鬼。不过我从日常经历中也看到，有些人定期参与释放事工，却不符合某些使用权柄的属类条件，这样的人迟早会遇到麻烦。

以下是释放工作的一些基本指导原则：

顺服权柄。

两人总比一人好。

不要单独帮助异性。

使用十字架和圣灵的宝剑。

顺服权柄

耶稣在地上事奉时，曾差派七十个门徒去为他预备道路，他们回来时相当激动。路加记载了他们的汇报：**"主啊！因你的名，就是鬼也服了我们。"**（路十 17）耶稣的回答在第 19 节，他说：**"我已经给你们权柄，……胜过仇敌一切的能力……。"** 对付邪灵的主要因素是使用属灵权柄。

一个罗马的百夫长因仆人生病来找耶稣，他认定耶稣有属灵的权柄，就和他自己有军事权柄一样，他以一句话总结在任何领域使用权柄的基本条件：“……**只要你说一句说，我的仆人就必好了。因为我在人的权下……**。”（路七 7－8）要使用权柄，就必须顺服权柄。

使用权柄有一些主导的属灵原则：

第一，一切权柄的至高源头是神自己。然后，在主耶稣复活后，祂向门徒宣告说：“**天上地下所有的权柄都赐给我了。**”（太廿十八 18）这表示所有的权柄已从父神那里移交到圣子耶稣手里。

因此，要服在属灵权柄之下，每个基督徒需要藉着基督，在神的权柄中，找到自己的位置。

在哥林多前书十一 2－7，保罗用蒙头来作权柄的象征。服于权柄之下就是被覆盖，即受保护。不服于权柄之下就是不被覆盖，也就是不在保护之下了。因此，对每一个基督徒来说，服在适当的权柄之下，就等于在属灵的保护之下。凡不服权柄的基督徒，就不在属灵的保护之下，这样是很危险的。

以弗所书一 22－23 说，神已经使基督为教会作万有之首；教会是它的身体。所以，它自然可以藉地方教会的领袖，在任何领域行使它的权柄。这就表示，一个渴求属灵保护的基督徒，应当在地方教会的架构下寻求自己的适当位置。

我和路得把这权柄的事看得很重要。不管我们住在哪里，我们都会参与一个地方教会，并服于这教会的教导。当我们出外宣教时，就从地方教会被差派出去。此外，我们全球性的事工是由一个跨国协会监督，我们与一些代表各国事工的同工共同分担领导权。我总是很明白地说，我没有独立的愿望。相反的，我很乐意承认自己总先倚靠神，其次才依靠神的子民。

另一个神赐下权柄的主要领域是家庭。哥林多前书十一 3 中，保罗描写了从神而来、藉基督传给世上家庭的权柄：“**我愿意你们知道，基督是各人的头；男人是女人的头；神是基督的头。**”

一个已婚的女子通常是服于丈夫的权柄之下，不应当在丈夫知道、并同意之前参加任何事奉。然而，彼得在彼得前书三 7 中警告我们说，如果丈夫与妻子之间不和，丈夫的祷告就会受阻拦（参彼前三 7）。一个未婚女子，如仍住在家里，应当服从父亲的权柄之下。一个单身独立生活的女子，应当服于成熟的属灵领袖的权柄和监督。

参与释放事奉的男人，不管已婚或单身，都应当是有权柄架构的团契或教会的一部分。从事释放、对付邪灵的工作，对单打独斗的男女是极危险的地方。

在顺服权柄这事上，有一个关键的词，就是：有所交代。每一个基督徒应当问：我可向谁作交代吗？一个不向任何人交代的人，是不服于权柄之下的。

耶稣在两处经文说到捆绑和释放的权柄，每一次都跟教会相关。

在马太福音十六 18 - 19，耶稣对彼得说："……**我要把我的教会建造这磐石上……凡你在地上所捆绑的，在天下也要捆绑；凡你在地上所释放的，在天上也要释放。**"

另外，在马太福音十八 17 ～ 18 中，耶稣说到把一个得罪你的弟兄带到教会的事，它的结语是："……**凡你们在地上所捆绑的，在天上也要捆绑；凡你们在地上所释放的，在天上也要释放。**"这里指的捆绑与释放，是教会整体的行动。而行使一切权柄的关键，是有良好的关系。这特别适用于捆绑邪灵势力，使人得到释放。

一个与基督身体没有正确关系的人，可能试图捆绑、释放，但是会缺乏使之有效的权柄。

两人总比一人好

福音书并未记载耶稣曾差派人单独出去作工，他总是派门徒两个、两个地出去。通常只有具权柄且有丰富经历的牧师，才能单独从事释放的事工。（记住，领受释放的人总有可能会变得凶暴。）所罗门在传道书四 9 ～ 10 中强调了这个原则，说：

"两个人总比一个好，因为二人劳碌同得美好的果效。若是跌倒，这人可以扶起他的同伴；若是孤身跌倒，没有别人扶起他来，这人就有祸了。"

不要单独帮助异性

女人单独服事一个男人，或男人单独服事一个女人，都是不明智的。通常事奉时的最好团队，是已婚夫妇共同事奉。

在我的两次婚姻中，神都祝福我有个善于协调的妻子，每次在我从事释放时，她们都能在我身边一起同工。她们有特别的恩赐，包括知识的言语、医病、辨别诸灵的恩赐。不论在我第一次的婚姻或第二次婚姻，或在我寡居时，我从来没有单独辅导过一个妇人。我总是小心地接受主内成熟、干练的弟兄、姐妹的支持和帮助。

使用十字架和圣灵的宝剑

任何人只有一个、也是唯一的充足基础来求从邪灵手中得释放，那就是耶稣在十字架上成就得赎罪祭。耶稣藉此为全人类的罪作了赎价，撤除撒旦攻击我们的主要武器——罪疚。藉着这个赎罪祭，我们每一个人就得称为义，好像从来没有犯过罪一样。我们应当牢牢抓住这个真理，把它当作你帮助别人时的中心指示。

同样，只有一个武器才是对付邪灵时战无不胜的，那就是圣灵的宝剑，也就是凭信心大声说出圣经上的话语。邪灵不怕宗派标签、传道头衔或神学辩论，但面对凭信心说出神话语的尖锐利剑，邪灵毫无抵抗力。

最后的实用要点

如果你准备帮助一个需要释放的人，这里有十二个要点，可以帮助你的事工有果效。为方便起见，我称需要释放的人为'受辅导者'，用男性的'他'表示男女总称。

1. 请重复读本书第二十一章。在可能的情况下，带领受辅导者经过初步的九个步骤。

2. 把耶稣在十字架上为赎罪祭，当作你所做一切的基础。同样地鼓励受辅导者不要看自己，而要定睛于十字架。

3. 请核对以下三个关键的事项：
   悔改：受辅导者是否真正经历该书所定义的悔改？
   饶恕：受辅导者是否真正饶恕所有得罪过他的人？他是不是还记恨任何人？
   弃绝罪：受辅导者是否完全弃绝秘术，或每一个有约束力的个人关系？

4. 如果受辅导者有挣扎之处，不要光是代他行事。建议他自己引读适当的经文，鼓励他操练、发挥自己的信心。这会帮助他事后面对与撒旦的争战。

5. 有时，释放的过程会遇到一种属灵的'阻塞'现象，受辅导者表现出与自己不完全明白的事挣扎。如果有这种事发生时，求主赐下知识的言语，辨别问题的本质。知识的言语可能出自辅导员或受辅导者，可能针对受辅导者应当承认的一桩罪，或一种有约束力的势力需要被拆毁（如虚假宗教）。此外，受辅导者必须认罪悔改，或斩断这有约束力的势力。或者圣灵会启示敌挡释放的邪灵之名，如果是后者，指示受辅导者奉耶稣的名站稳立场，提名弃绝那邪灵。

6. 邪灵常以哭泣、喊叫、尖叫、吼叫、吐唾沫，甚至以呕吐的形式从口中出来。预备好纸贴或其他材料，好让受辅导者作应急使用。

7. 女人有时会用在尖叫来赶鬼。如果她不断尖叫，却得不到进一步的释放，记住那是因有的邪灵会躲在她喉咙里不出来。向那女子解释，指示她用力咳嗽，来把那鬼从喉咙中赶出（参经二十一章）。

8. 不要向邪灵呼喊，他们不聋，甚至耳聋的鬼也不聋。大声喊叫并不会带给你更多的权柄，只会耗费你的力气，这气力若用在其他方面更为妥当。

9. 不要浪费时间在一味追求注意力的人身上。这样的人通常已经领受释放，但不断把别人的注意力引到自己身上（参第二十四章）。

10. 在帮助别人时，撒旦会用惧怕的灵来攻击你。如果是这样的话，认定提摩太后书一 7 的话：**"因为神赐给我们，不是胆怯的心，乃是刚强、仁爱、谨守的心。"** 同时也记住路加福音十 19 中，耶稣给门徒对付污鬼的应许："断没有什么能害你们。"

11. 反复强调约珥书二 32 的应许：**"凡求告耶和华名的就必得救。"**

12. 记住耶稣的名和耶稣宝血的大能。以下是我常用的一个宣告（摘自我所著的《祷告与宣告》一书），这可以帮助基督徒都拥有耶稣在十字架上为我们所赢得的胜利："

"在我们个别见证神话语中，

有关耶稣宝血为我们所成就的好处时，

我们就胜过了撒旦：

藉着耶稣的宝血，

我已从魔鬼的手里得赎。

藉着耶稣的宝血，

我所有的罪已得神赦免。

藉着耶稣的宝血，

我不断从罪中得洁净。

藉着耶稣的宝血，

我已经称义、成为义，

好像从未犯过罪一样。

藉着耶稣的宝血，

我已经成圣，成为圣洁，

分别出来归给神。

藉着耶稣的宝血，

我可以坦然进到神面前。

耶稣的宝血，

不断地为我向天上的父神呼求。"

　　每一个参与帮助别人得释放的人,都会发现一些实际的要点,因理论只能给我们有限的帮助, 我们终究得从实践中学习。我希望这本书能帮助你避免一些我曾犯过的过失!

　　最后一项要点是:**"爱"** 使神藉耶稣的代死为祭, 为我们提供了释放。我们的动机也应当一样,因此,求神使你成为神爱的器皿:**"凡你们所做的都要凭爱心而做。"** (林前十六 14)

第 26 章
得着释放后

个人生命中得释放的经历，是神恩典大能极美好的彰显。有时我把它比作以色列人得以从埃及的奴役中解放出来。

但是以色列人从法老手里解脱出来，只是神立下的过程中的第一步。神领以色列人出埃及，是要把他们带进应许的产业中。释放也是一样，得释放是第一个关键步骤，但当然不是最终的目的。紧接着应当还有两个重要的步骤要遵循。俄巴底亚书第 17 节简单地描述了这过程：

> **"在锡安山必有逃脱的人，那山也必成圣；雅各家必得原有的产业。"**

这才是神最终的目的，它的子民'必得原有的产业'，也就是神赐给他们的产业。神说出了两个条件：第一是消极的：'逃脱'——原文是'释放'；第二是积极的：'成圣'。任何越过这两个条件的过程，都不能为神的子民带来产业。这就是从邪灵辖制中得释放必须在圣洁之先的原因，它是一个合理的实际原因。邪灵会显出许多不同的特点，但他们都有一个共同之处：它们毫无例外都是真正圣洁的仇敌。除非邪灵被赶逐，否则教会、以色列民族都不能达到圣洁的属灵标准。

我要清楚地说明，俄巴底亚书第 17 节首先是用于以色列民族的。教会从来没有取代过以色列，神对以色列民族所有的应许会准确无误地应验（详见我的《**预言性结局：谁是以色列？谁是教会？**》一书）。

然而，新约在不同地方把以色列的历史解释为鉴戒，也适用于教会。例如，在哥林多前书十 1 ～ 11，保罗列出了以色列人从埃及释放出来前后的一系列经历。最后他总结说："**他们遭遇这**

些事都要作为鉴戒。并且写在经上，正是警戒我们这末世的人。"也就是说，以色列人出埃及前后的经历，会有重要的实际教训，可以适用于今世的基督徒。

我相信这一点同样适用于当代的以色列民，重归神赐给他们的土地上的属灵产业，这也包含适用于教会重要的实际教训。

每一个熟悉历史和圣经预言的人，都可以看出以色列人置身于神赐地理产业之外、长达近两千年之久。但这也适用于教会，我们也在同样长的时间内置身于属灵产业之外。如果新约的使徒在今天回到地上，他们即使花了很久的时间，也很难找到一个教会，可以与他们留下的教会相比的。

然而，圣经鼓励我们向前看，使徒行传三 21 说："**等万物复兴的时候。**"不管对以色列或教会，复兴的第一步是释放。接下来必须要走的一步是圣洁。

圣洁是圣经所描写神的特性标记。这也应当是它子民的独特记号，不管是以色列人，还是教会。在新旧约中，神都对它的子民说："**你们要圣洁，因为我是圣洁的。**"（参利十一 44；彼前一 16）

我多年来在近四十个国家的许多不同聚会中讲过道。据我个人观察，今天的教会很少考虑神对圣洁的要求。基督徒不单达不到圣洁，甚至不愿以此为目标！

我把这现象比喻为人们参加旅行团去世界各地旅游，其行程包括参观不同城市、国家，有时带团的人还加进一些额外行程，需另外收费，可以参观更多景点、地方。我看到当代教会以同样的方式对待圣洁，圣洁是额外加上去的，要另加费用。但是大部分加入旅行团的人对额外项目不感兴趣。

圣洁不是额外的，乃是救恩的基本部分。希伯来书作者在希伯来书十二 14 中告诉我们："**你们要追求……圣洁；非圣洁没有人能见主。**"如果是不圣洁使我们不能进到主面前，我们究竟是得了多少救恩呢？

　　主若愿意，我还能活着的话，我想要写一本《圣洁不是选择》，作为本书的续篇。圣洁是神为它子民所立目的中，一项不可少的基本要素。如果神继续让我活着，我会接着来写第三本书，题名为：《承受产业》。

　　我能否成功地写完这两本书，完全要靠神的恩典和怜悯。但是，无论我能否写这两本书，原则已经清楚地展现在圣经里了：释放是整个过程的第一步，这过程是恢复圣洁，也复兴教会回到原有的单一、纯洁之中。

中国大陆免费下载叶光明书籍和广播资源网站

如何在智能手机上安装应用程序(App)

可复制网址到智能手机的浏览器，或使用二维码安装适用于您智能手机的应用程序（App）

iPhone/iPad手机下载网址:

https://itunes.apple.com/sg/app/
ye-guang-ming-ye-guang-ming/
id1028210558?mt=8

若干安卓手机下载地址如下，供您选择:

https://play.google.com/store/
apps/details?id=com.subsplash.
thechurchapp.s_3HRM7X&hl

叶光明事工微信公众平台: